„Glücklich, wer sich Genüsse zu verschaffen weiß,
ohne anderen zu schaden.“

GIACOMO CASANOVA

*Der legendäre Abenteurer, Schriftsteller und umschwärmte Kavalier Giacomo Casanova
genoss im Castello di Spessa das Leben in vollen Zügen. Er weilte 1773 für einige Wochen
in dem historischen Landsitz bei Cormòns im Görzer Collio.*

Genießen in Friaul

SILVIA TRIPPOLT-MADERBACHER

Genießen in Friaul

Die besten Adressen zwischen Bergen und Meer

styria regional

CARINTHIA

ISBN: 978-3-7012-0126-6

Bücher aus der Verlagsgruppe Styria gibt es
in jeder Buchhandlung und im Online-Shop

Coverfotografie: Simone Attisani

Lektorat: Nicole Richter
Covergestaltung: Bruno Wegscheider
Buchgestaltung: designation – Jürgen Eixelsberger
Druck und Bindung: Druckerei Theiss GmbH, St. Stefan im Lavanttal

7 6 5 4 3 2 1

Inhalt

Zahlreiche Adressen wurden mit dem Symbol 🛏 versehen: Hier kann man auch nächtigen!

Auf dem Weg nach Friaul ...

Irgendwann war es dann so weit: Für mich als Reisejournalistin verloren so ziemlich jede Sehenswürdigkeit, jedes Hotel, aber auch jeder Länder- und Cityguide ihren Reiz. Denn es bedeutete ein Reisen an der Oberfläche, zwischen Business-Class und Sterne-Kategorien, zwischen China, Karibik und Kalifornien. Meinem Mann, einem passionierten Fernreisenden, erging es ähnlich. Zusammen begannen wir uns für eine kleine, überschaubare Region zu interessieren, eineinhalb Stunden von unserem Kärntner Heimatort entfernt – für das bezaubernde Friaul-Julisch Venetien. Für die Menschen, deren Lebensweisen, Kultur, Produkte und Küche. So sind wir begeisterte Friaul-Fans geworden.

Die autonome Region Friaul-Julisch Venetien liegt im Nordosten Italiens, grenzt im Norden an das österreichische Kärnten, im Osten an Slowenien, im Westen an Venetien sowie an die Adria im Süden. In dieser außergewöhnlichen Region genießt man das, was noch besonders ist, denn die Gastronomie setzt auf Authentizität, Selbstbewusstsein, Gastfreundlichkeit und eine enorme Produktvielfalt. Das Großartige: im Mittelpunkt steht immer das Wahre, das Natürliche. Altbewährtes wird neu interpretiert oder kommt ganz einfach traditionell und klassisch auf die Teller. Vieles konzentriert sich auf das Einfache, auf den reinen, unverfälschten Geschmack. Allein die Geografie der Region weist auf die Vielfalt und Möglichkeiten der Küche hin: so geht es vom Hochgebirge über das sanfte Hügelland bis zur Küste ans Meer. Freilich variieren Zutaten und Rezepte von Nord bis Süd, doch die regionalen Gerichte sind überall lebendig geblieben.

Die Region Friaul-Julisch Venetien ist stolz auf ihre Spezialitäten, sie setzt sich für den Erhalt regionaler Speisen und Traditionen ein. Bedeutet für uns der Lebensmitteleinkauf meist ein notwendiges Übel, so zeigt sich Essen und Trinken in Italien als nationales Freizeitvergnügen und der Einkauf von Lebensmitteln als viel geliebte Vollzeitbeschäftigung. Das beginnt bereits bei der Auswahl des frischen Gemüses und Obstes auf dem Markt. Das Fleisch kauft man in der *Macelleria,* Brot in *Panificio* oder *Panetteria,* Gebäck in der *Pasticceria,* Fisch in der *Pescheria* usw. Oder die Italiener besuchen gleich die Produzenten: Käsereien, Weingüter, Polenta- oder Olivenölmühlen. Die Fische bekommt man oft direkt vom Boot in der Lagune. Die Qualität der Grundprodukte ist generell sehr hoch, in jedem noch so kleinen Dorf findet man etwas Besonderes. Die Weine des Friauls zählen zu den besten Tropfen Italiens, der Prosciutto crudo aus San Daniele oder Sauris erlangte genauso Weltruhm wie der allerorts präsente Illy Caffè aus Triest oder der fantastische Grappa der Destillerie Nonino.

Zur Auswahl der Lokale in diesem Buch: Sie finden eine bunte Mischung. Von bodenständigen Osterias über familiäre Trattorias bis hin zu eleganten Restaurants und prämierten Gourmettempeln. Keines der Lokale tritt miteinander in Wertung, es dreht sich alles um Erlebnisse beim Essen und Trinken.

Wir reisen stets als Familie mit zwei Kindern (den »Bären-Buben«) und es ist wunderbar, den Wirtsleuten, Köchen, Winzern und Gastronomen als Kollegen gegenüberzutreten. Mein Mann, Josef Trippolt junior (der »Bär«), führt als Kärntner Spitzenkoch selbst das Restaurant »Trippolts Zum Bären« im Lavanttaler Bad St. Leonhard.

Ein Buch wie dieses entsteht nicht in kurzer Zeit. Schließlich müssen diese zahlreichen Adressen erst mal »eressen« werden. Anschriften, Telefonnummern, Websites, etc. habe ich nach bestem Gewissen recherchiert. Sollte sich dennoch etwas geändert haben, bitte um Nachsicht. Auf das Anführen von Öffnungszeiten habe ich bewusst verzichtet – diese wechseln in rasanter Geschwindigkeit.

Die Restaurants in diesem Genussführer finden Sie alphabetisch nach Ortschaften gereiht, für eine leichtere Orientierung, dazu gibt es eine Übersichtskarte mit den dazugehörigen Seitenzahlen.

Außerdem habe ich, gleich in der jeweiligen Umgebung, weitere Lokaltipps und eine stattliche Anzahl von abwechslungsreichen und erwähnenswerten Genussadressen hinzugefügt. Für Ihren persönlichen Einkauf in Friaul-Julisch Venetien gibt es beste Quellen etwa für Prosciutto, Salami, Käse, Grappa, Olivenöl, Polentamehl, Schokolade, Brot, Fischspezialitäten, Wein und vieles mehr.

Apropos Wein: Ich habe in diesem Buch keine Weinempfehlungen abgegeben, weil ich der Meinung bin, dass dies den Rahmen sprengen würde. »Nur ein biss-

chen« ist nicht möglich. Die besprochene Region bietet eine derartige Fülle an önologischen Spitzenleistungen, dass ich dazu auf entsprechende Literatur verweise, die noch dazu in diesem Verlag erhältlich ist. Und natürlich kann man ohne Weiteres auf die Weinempfehlungen der Gastgeber vor Ort vertrauen.

Italiener sind leidenschaftliche Genießer. Dieses Buch will diese Leidenschaft mit Ihnen teilen. Wenn ich Ihren Geschmack getroffen habe, freut es mich (und meine Reisebegleiter) natürlich von Herzen. Denn es gibt für uns nichts Schöneres, als gemeinsam an einem Tisch zu sitzen.

Mandi!
Ihre Silvia Trippolt-Maderbacher

unterstützt von Josef Trippolt, »der Bär«, sowie Julius, »der ältere Bären-Bube«, und Theodor, »der jüngere Bären-Bube«

Die Küche Friaul-Julisch Venetiens

Als Treffpunkt für Feinschmecker und Weinkenner ist Friaul-Julisch Venetien eine Welt für sich. Die Küche der norditalienischen Region verrät viel über die Seele dieses außergewöhnlichen Landstriches. Die kulinarischen Entdeckungen reichen hier von deftig bis luftig, es duftet nach brauner Butter, nach mild-gewürztem Prosciutto, nach der Holzkohle im Fogolar, nach feuchten Weinkellern, nach selbst gebackenem Brot, nach Lavendel und Rosmarin, nach süßer Vanille und Nüssen, nach geräuchertem Käse, nach frischem Fisch und Meeresfrüchten.

In den Gerichten schmeckt man die Kraft der Berge und die mediterrane Leichtigkeit des adriatischen Meeres. Köche, Winzer, Bäcker, Fischer, Metzger und Landwirte verstehen sich nicht nur bestens auf ihr Handwerk und ihr Tun, sondern sie halten mit großem Stolz und Wissen die kulinarischen Traditionen hoch. So lassen historische Speisen wie »Toç in braide« und »Brovada e muset« den Menschen in Friaul-Julisch Venetien heute noch das Wasser im Mund zusammenlaufen.

Die Küchenstile in Friaul-Julisch Venetien waren und sind immer schon eng mit den geografischen Bedingungen und den historischen sowie gesellschaftlichen Ereignissen verbunden. Es ist schwierig, ja, fast unmöglich, hier von der italienischen Küche per se zu sprechen. Denn Friaul-Julisch Venetien steht als Region »autonom« da und hat sich in jeder Weise, so auch in der Kulinarik, selbstständig entwickelt.

Exotische Lebensmittel aus fernen Ländern beeindrucken die Menschen im Friaul nicht. Hier hat auch niemand Lust auf Erdbeeren im Jänner oder Steinpilze im April. Man genießt Gemüse und Obst der eigenen Hügel und Täler und schätzt die Produkte der jeweiligen Saison: Radicchio, Artischocken, Spargel, Kirschen, Tomaten, Pilze, Feigen, Trauben, Kürbis, Kaki, Kastanien. Alles braucht seine Zeit und findet zum richtigen Zeitpunkt seinen Platz auf den Speisekarten.

Die ursprüngliche Küche zeigt sich als eine sehr sparsame. Nämlich in Bezug auf die Summe der Zutaten derer es braucht, diese traditionellen, einfachen Gerichte zu zaubern. »Frico coccante« zum Beispiel. Die knusprigen Käsenester bestehen rein aus geschmolzenem Käse. Oder die Polenta, das Grundnahrungsmittel der Friulaner. In Wasser gerührt, mit Salz abgeschmeckt, darüber ein Hauch geräucherter Käse – fertig! Auch das Fleisch, das am Fogolar gebraten wird, benötigt nur ein wenig Olivenöl und Salz für den so typischen, unverfälschten Geschmack. Und überhaupt: Was wäre eine friaulische

A tavola! Friaul-Julisch Venetien als Feinkostladen Italiens.

Osteria ohne Fogolar? Auf dieser offenen Feuer- und Kochstelle, meist mitten im Lokal, werden vor allem Fleischstücke gegrillt und das Ganze gibt einem das Gefühl einer wahren Festtagsküche.

Der Geschmack von heute basiert auf jahrhundertelangen Einflüssen vonseiten der österreichischen, slowenischen und venezianischen Nachbarn. So findet man die verschiedensten Geschmacksrichtungen und Zubereitungsarten aus der österreichisch-ungarischen Mon-

archie, den Traditionen des Balkans und Küchenstilen Venedigs. Man unterscheidet aber auch ganz generell zwischen der alpinen Bergküche im Norden und der mediterranen Küche an der Adria.

In diesem Zusammenhang ist es sinnvoll, dass man das Gebiet des »Friauls« und das Gebiet »Julisch Venetiens« getrennt sieht. Das Friaul nimmt den Großteil der Region ein, nämlich die Provinzen Udine und Pordenone, die Provinzen Görz und Triest hingegen gehören zu Julisch

Venetien. Dieser Landschaftsteil reicht übrigens historisch betrachtet noch weiter: von der Halbinsel Istriens bis nach Dalmatien.

Während das Friaul von der furlanischen Sprache und Kultur gekennzeichnet ist, sind in Julisch Venetien venezianische Einflüsse vorherrschend. Das zeigt sich auch in den nebeneinander existierenden Küchenstilen. So steht auf dem Speiseplan im Landesinneren eine deftige Bauernküche, in der Polenta, Rollgerste, Bohnen, Buchweizen, kräftige Suppen, Rüben und Kraut dominieren. Zu dieser »Küche der Armen« kommen Innereien wie Kutteln, Leber, Nieren sowie Wild und Schweinefleisch hinzu.

Die friaulische Küche – einfach, ursprünglich, mit besten Grundzutaten. Beliebtes Gericht: Gnocchi mit Kürbis und Ricotta.

Typisch Friaul

In der alpinen – karnischen – Küche im Norden Friauls findet man zum Beispiel die berühmten »Cjarsons« (gefüllte Teigtaschen), den kräftig geräucherten »Prosciutto di Sauris« (Rohschinken) oder den »Radic di mont« (Bergradicchio). Zudem entdeckt man überall in den Alm- und Berggegenden kleine Käsereien. Zu den Aushängeschildern zählt unumstritten der strohgelbe Montasio aus Kuhmilch. Der aromatische und würzige Hartkäse hat seinen Ursprung auf der Montasch-Alm. Der Berg Montasch selbst thront als zweithöchster in den Julischen Alpen.

Im sanft hügeligen Friaul rund um San Daniele bei Udine wird der weltbekannte »Prosciutto di San Daniele« hergestellt. Es ist das ganz spezielle Mikroklima zwischen der kühlen Alpenluft und der feuchten Meeresluft, das den Schinken so perfekt reifen lässt. Als eine weitere Spezialität möchte ich die geräucherte Königsforelle nennen. Nur wenige Kilometer weiter, aus Tavagnacco, stammt der delikate Spargel, der im Frühling mit viel Freude zubereitet und serviert wird.

In der Langobardenstadt Cividale locken Gaumenfreuden wie die »Gubana« (Nuss-Rosinen-Kuchen), »Muset e brovada« (gekochte Wurst mit gesäuerten Rüben), »Menestra« (Eintopf mit Bohnen) und Kräuteromeletts.

Typische Gerichte und Produkte in der Provinz Pordenone im westlichen Friaul sind der »Asìno«-Käse, die dunklen Feigen von Caneva sowie die vielgeschätzte »Pitìna«, eine geräucherte Wurst-Spezialität aus mehreren Fleischsorten und Kräutern, die aussieht wie ein zusammengedrückter Salami-Knödel.

Köstliche Küste: Fisch und Meeresfrüchte stehen täglich frisch auf den Speisekarten.

Die Küche des friaulischen Südens steht ganz im Zeichen des Meeres. So muss man auf der Sonneninsel Grado unbedingt den »Boreto alla gradese« probieren, die legendäre Fischsuppe der Fischerfamilien, die in den strohbedeckten Hütten, den Casoni, wohnten. Als Klassiker wird der Boreto aus mehreren Fischsorten zubereitet. Weitere Köstlichkeiten: Venusmuscheln, Sardellen oder Flunder. Im bedeutenden Fischerhafen von Marano Lagunare sollte man nicht verpassen, »Brodetto« zu kosten, eine dicke Suppe mit Fischstücken, Meeresfrüchten und Tomaten. Oder auch »Bisato in speo«, Aal vom Spieß. Grandios: Heuschreckenkrebse und kleine Krabben.

Typisch Julisch Venetien

Die kulinarische Traditionen der östlichen Provinzen Gorizia und Triest nähren sich aus der Zeit der k. u. k. Monarchie sowie aus seiner Nachbarschaft zu Slowenien. So wird in Gorizia zum Beispiel feines »Kaiserfleisch« serviert. Darunter versteht man eine Scheibe Geselchtes mit frisch geriebenem Kren und Sauerkraut. Oder die süßen Zwetschkenknödel. Mit zerlaufener Butter, Zimt und etwas Zucker. Mein Favorit unter all den Delikatessen ist der rosa bis tiefrote Radicchio, die »Rosa di Gorizia«. Gebraten im Risotto, als Salat mit Sardellen oder Speck, als knackige Beilage zum Fleisch oder über die Pasta – einfach ein Genuss! Der Radicchio wird nach dem ersten Frost geerntet, damit er an Bitterkeit verliert.

Eines der Gerichte der julischen Küche, das es unbedingt zu entdecken gilt, ist die »Jota«. Die schmackhafte Gemüsesuppe aus Bohnen, Kraut und Kartoffeln führte stets ein Dasein als Arme-Leute-Speise, heutzutage aber wird sie auch in den besten Restaurants angeboten. Weitere Köstlichkeiten in und um Triest sind Gulasch, gekochter Schinken und natürlich die Fische und Krustentiere: Scampi alla busara, Sarde in saor (marinierte Sardellen), Stockfisch nach Triestiner Art, Miesmuscheln, Venusmuscheln, Tintenfische.

Was die Mehlspeisenkultur betrifft, bedeutet Triest Verführung pur. Naschkatzen können ihr süßes Leben bei Apfelstrudel, Gugelhupf, Sacher-Torte, Dobos-Torte (ungarischen Ursprungs, mit mehreren Biskuit-Schichten und Schokoladecreme, darüber eine Glasur aus Karamell), Putizza, Presnitz (österlicher Festtagskuchen) und Krapfen voll auskosten. Einen »Nero« dazu? Triest

zählt zu den Kaffee-Metropolen Italiens. Unglaubliche 1500 Tassen trinken die Triestiner pro Jahr. Schiffe aus aller Herren Länder bringen die rohen Bohnen von den Plantagen der Welt in die Adria-Hafenstadt. Bereits Ende des 18. Jahrhunderts entstanden in Triest die ersten Kaffeehäuser und Röstereien.

Wer es lieber deftig mag, besucht eines der beliebten Triestiner Bufetts. Diese sind nicht nur charakteristische Imbisslokale, sie sind auch kulinarische Institutionen. Siedefleisch vom Schwein gart in den schweren Töpfen und Kesseln: Würstel, Geselchtes, Rippchen, Zunge, Cotechino, Kaiserfleisch, Schweinshaxen, Schweinskopf. Dazu gibt es Sauerkraut, Semmelknödel, Kren und Senf.

Eine kulinarischer Mikrokosmos ist wiederum der Karst rund um Triest. Aus der österreichischen Buschenschank-Tradition heraus entstanden die »Osmizze«. Hersteller von Wurst, Olivenöl, Käse und Wein öffnen während einer kurzen Zeit im Jahr ihre privaten Karsthäuser für ihre Gäste. Eine Einkehr ist ein Erlebnis für sich.

Wein, so fein

Der Weinbau in Friaul-Julisch Venetien geht historischen Funden zufolge bis auf die Bronzezeit zurück und umfasst neun Anbaugebiete. Die bekanntesten sind der »Collio«, die »Colli orientali del Friuli«, der Karst sowie das Mündungsgebiet des Isonzo. Die edlen Tropfen werden in einem Atemzug mit der Toskana und dem Piemont genannt, die Winzer genießen internationale Anerkennung. Vor allem die Weißweine zählen zu den besten in ganz Italien. Aushängeschild ist der Friulano sowie die alten, einheimischen Sorten. Dazu zählen im Weiß-, Rot- und Süßweinbereich: Ribolla Gialla, Schioppettino, Pignolo, Terrano, Refosco, Vitovska, Picolit, Ramandolo bzw. Verduzzo. In diesen autochthonen Sorten liegt das größte Qualitätspotenzial des Friauls.

Kulinarisches Friaul-Glossar

agriturismo	Bauernhof mit Verkauf eigener Produkte, oft mit Gästezimmern.
anguilla	Aal
Asìno	Eine der ältesten Käsesorten Friauls, der ursprünglich aus dem Arzino-Tal stammt. Ein weicher bis mittelfester Käse aus Kuhmilch.
astice	Hummer
Auster	*ostrica*
baccalà mantecato	Stockfischmus. Eine Spezialität der Seefahrer, die den getrockneten Kabeljau als Proviant mitnahmen.
bigoli	Pastavariante, vergleichbar mit Spaghetti, allerdings dicker. Meist aus Weizen, aber es gibt auch Varianten mit Buchweizenmehl.
biscotti	Traditionelles trockenes Kleingebäck, auch *cantuccini* genannt.
bistecca alla fiorentina	T-Bone-Steak, gegrillt.
bizna	Suppe aus sauren Rüben und Kartoffeln.
blecs	Pastavariante aus der Carnia. Teigflecken aus Weizen- und/oder Buchweizenmehl.
Bondiola	Wurstspezialität, ähnlich Cotechino, zusätzlich mit Zunge. Aus der Provinz Pordenone.
boreto	Fischeintopf, typisch z.B. in Grado.
branzino	Wolfsbarsch
brovada	In Trestern gesäuerte weiße Rüben, in Streifen gehobelt.
Caciotta	Eine Art Butterkäse, mild im Geschmack.
capelunghe	Messermuscheln
capesante	Jakobsmuscheln
cjarsons	Halbmondförmige Teigtaschen mit verschiedensten Füllungen, von süß bis pikant.
coniglio	Kaninchen
costata	Roastbeef, gegrillt
cotechino	Deftige Kochwurst aus Schweineschwarte, Schweinefleisch, Gewürzen. Traditionell zu Neujahr.
cozze	Miesmuscheln
crema di fagioli	Bohnensuppe
crespelle	Pikant gefüllte Palatschinken.
croccantino	Mit Schokolade überzogenes Krokantgebäck.
crostata	Mürbteigtorte
crostino	Überbackenes belegtes Brötchen.
Dorade/Goldbrasse	*orata*
entoeca	Vinothek, oder auch eine Art Probierstube.
erbe di campo	Wildkräuter, z.B. Brennnesseln, Leimkraut, Hopfensprossen, Löwenzahnblätter.

farina di mais	Maismehl
fogolar	Traditionelle, offene Feuer- und Kochstelle meist mitten im (Gast-)Raum.
Formadi frant	Typische Käsezubreitungsart aus der Carnia mit pikant-süßem Aroma.
frasca	Kleine Landschenke, friaulischer Heuriger; aber auch: der Buschen beim Buschenschank.
frico	Knusprig ausgebackene Käsespezialität, der Variantenreichtum ist beträchtlich. Besonders beliebt: „Frico con patate" – mit Kartoffeln.
frico croccante	Knusprige Käsenester
frittata	Omelett
fritto misto	Gemischte, frittierte Meeresfrüchte.
Friulano	Autochthone weiße Rebsorte, die vor 2008 Tocai hieß.
gamberi	Garnelen
gibanica	Traditionelles Blätterteiggebäck mit mehreren Schichten, verbreitet in Slowenien, „Vierlingsstrudel".
girini	Feinste Spätzle
gnocchetti	Kleine Nockerln
gnocchi di pane	Brotknöderln, -nockerln
gnocchi di susine	Zwetschkenknödel
granciporro	Taschenkrebs
grappa	Tresternbrand
grigliata mista	Verschiedene gegrillte Fleischstücke.
gubana	Traditioneller Nuss-Rosinen-Kuchen, wird gerne mit Grappa oder Slivovitz übergossen.
Heuschrecken- krebs	*cannocchia*

Hopfenspargel	*germogli di luppolo;* die Triebe des jungen Hopfens werden wie Spargel verwendet.
Hummer	*astice*
Jamar	Höhlenkäse im Karst, reift in tiefen Karsthöhlen.
jota	Traditionelle Suppe slow. Ursprungs, meist mit Kraut, Bohnen, Kartoffeln, im Friaul auch mit gesäuerten Rüben.
Kalbsleber	*fegato di vitello*
Krebs	*granchio*
Kutteln	*trippe*
lardo	Meist hauchdünn geschnittener weißer Speck.
Latteria	Halbfester Schnittkäse, dem Montasio ähnlich. Verbreitet im Friaul und auch anderswo, verschiedene Reifestadien.
Leimkraut	*sclopit*
lumache	Schnecken
Malvasia	Trockener, frischer Weißwein, perfekt zu Fisch.
Marmora, Mormora	Marmorbrasse
Mäusedorn	*pungitopo;* die Triebe werden wie wilder Spargel verwendet.
mazzancolle	autochthone Garnelenart im Mittelmeer
Meeresspinne	*granceola*
Meerestrüffeln	*tartufi di mare*
Messermuscheln	*capelunghe*
millefoglie	Feinblättriges Schichtdessert, mit verschiedenen Füllungen.
mlinci	Gebackene od. gebratene Pastaflecken, mit Ursprung aus dem Osten (Balkan).

Montasio	Historische, geschützte Käsesorte aus Kuhmilch. Halbfest. Den Namen hat er vom Berg Montasch in den Julischen Alpen.
musetto	Deftige Kochwurst, Hauptbestandteil ist Schweineschnauze, gewürzt u.a. mit Nelken und Pfeffer.
orzo e fagioli	Rollgersten-Eintopf mit Bohnen.
orzotto	Art Risotto aus Rollgerste.
osmizza/osmiza	Buschenschank im Karst.
ossocollo	Luftgetrocknetes Schopffleisch, auch coppa genannt.
osteria	Einfaches Lokal mit traditionellen Gerichten.
Pan di sorc	Süßes Brot aus 3 Mehlsorten (Mais, Roggen, Weizen) mit Zimt, Rosinen, getrockneten Feigen, früher nur zu Weihnachten, heute das ganze Jahr erhältlich. Slow-Food-Presidio-Produkt.
pancetta	Bauchspeck, offen oder gerollt, auch geräuchert und/oder gewürzt.
Pecorino	Käse aus Schafsmilch.
Pestat di Fagagna	Spezialität aus weißem Speck, Gemüse, Kräutern, Zwiebel und Knoblauch. Wird vorwiegend zum Würzen von Gemüsesuppen und Eintöpfen verwendet. Slow-Food-Presidio-Produkt.
Picolit	Weißweinrebe, weltbekannter Süßwein.
pitìna	Laibchenförmige, trockene Wurstspezialität aus faschierten und geräucherten Fleischsorten.
polenta	*p. gialla:* Polenta aus gelbem Mais, *p. bianca:* weißer Maisgrieß
polpetti	Faschierte Laibchen
presnitz	Traditionelle Triestiner Blätterteigrolle, gefüllt mit Mandeln, Pinienkernen, getrockneten Früchten u.v.m.
prosciutto cotto	Gekochter Schinken
prosciutto crudo	Rohschinken
Prosciutto di San Daniele	Weltbekannter Rohschinken aus San Daniele.
Prosciutto di Sauris	Geräucherter und gewürzter Schinken aus Sauris.
putizza	Mit Nüssen gefüllter Germteigkuchen.
radic di mont	Wilder Bergradicchio, wird meist eingelegt zu Antipasti serviert. Slow-Food-Presidio-Produkt.
ragù di lepre	Pastasauce aus Hasenfleisch.
Ramandolo	Autochthoner süßer Weißwein aus der Verduzzo-Traube.
ravioli	Gefüllte Teigtaschen in quadratischer Form.
Refosco	Autochthone rote Rebsorte.
Regina di San Daniele	Geräucherte Königsforelle, Vorzeigeprodukt aus San Daniele.
Ribolla Gialla	Alte einheimische Rebsorte. Für frische, säurereiche und trockene Weißweine.
ricotta	Weich-cremiger Käse, der aus der Molke gewonnen wird.
ricotta affumicata	Geräucherter Ricotta, schnittfest. Wird gerne über Pasta-, Polenta- oder Gnocchigerichte gerieben.
rombo	Steinbutt
Rosa di Gorizia	Spezielle Radicchio-Sorte aus Gorizia, die Blätter sind rosa bis tiefrot.
salame affumicato	Geräucherte Salami
salame di cervo	Hirschsalami
salame d'oca	Gänsesalami

salame fresco	Weiche, gut gewürzte Salami.
salsiccia	Grobe Wurst aus Schweinebrät. Wird gegrillt oder gebraten und gerne zur Polenta gereicht.
salumi	Wurstwaren
sarde in saor/savor	Marinierte Sardinen/Sardellen, mit Zwiebeln, Essig, Pinienkernen und Rosinen.
sardoni	Sardinen
scampi	Kaisergranate
Scheinindigo-Honig	Honig von einer Pflanze namens Scheinindigo, ein Schmetterlingsblütler mit winzigen lila Blüten.
Schioppettino	Einzigartige Weinsorte rund um den Ort Prepotto in den Colli orientali.
sclopit	Auch *silene*; Leimkraut, wächst im Frühling, im Friaul weit verbreitet. Vor der Blüte für Suppen, in Crespelle, in Cjarsons, Orzotto.
selinka	Reichhaltige Gemüsesuppe.
semifreddo	Halbgefrorenes

soppressa	Trockene Wurstspezialität, ähnlich Salami, aber „flach gepresst".
stinco di maiale	Schweinshaxe
stinco di vitello	Kalbshaxe
strucchi	Ausgebackenes oder gekochtes Kleingebäck mit Nuss-Füllung.
stuzzichini	Appetithappen
supeta	Hühnerragout
tagliata	Meist aus dem flachen Roastbeef, gegrillt, geschnitten („tagliato").
tajut	Steht für das Glas Wein, das an der Theke in geselliger Runde getrunken wird.
Terrano	Der große Rotwein des Karstes.
toç in braide	Urtypisches friaulisches Gericht. Weiche Polenta mit Käsesauce.
torta di pane	Brot-Kuchen
tortelli	Gefüllte Nudeltaschen.
tortino	Törtchen, süß oder pikant.
trattoria	Familiäre Gaststätte mit regionstypischen Gerichten.
trippe	Kutteln
Ubriaco	Halbfester Schnittkäse, stammt aus dem Vajont-Tal, Provinz Pordenone. Wird während des Reifeprozesses mit Rotwein übergossen.
Verduzzo	Alte autochthone Weinsorte, die erstklassige weiße Süßweine hervorbringt.
Vitovska	Weiße Rebsorte aus dem slowenischen Karst, die auch im Friaul angebaut wird.
vongole	Venusmuscheln
Wildspargel	*Asparago selvatico;* wächst im Karst, in Istrien und in der Carnia.

Elegant und schlicht

Das ist die erträgliche Leichtigkeit des Seins: In der herrlichen Trattoria »Mr. Gredy« zwischen Spilimbergo und Maniago verweilen, in das Feuer am offenen Kamin blicken und die vorzügliche friaulische Küche genießen. Touristen? Haben wir hier noch nie gesehen. Allerdings Musiker. Hier wird nämlich immer wieder live gespielt. Das Lokal von Gastgeber Edoardo Cicuto (macht auch ein Top-Catering!) wirkt elegant und trotzdem schlicht.

Passend dazu die Küche: traditionell, aber kreativ. Aufgekocht wird Fisch und Fleisch, Freude machen so einige vegetarische Ideen. Wie die Spargel-Terrine zum Beispiel. Als Vorspeisen kommen allerhand »Rohheiten« aus dem Meer auf die Teller. Fisch und Meeresfrüchte als Carpaccio und Tartar. Pasta? Gerne! Linguine mit Basilikum und Gamberi. Höhepunkt bei unserem Besuch ist der fantastische Kalbsnierenbraten mit Steinpilzen. Als Abschluss haben wir die Wahl zwischen Schokoladekuchen mit flüssigem Kern, Apfelstrudel, *Crostata* (eine Mürbteigtorte) und einem Vanille-Törtchen mit Waldbeeren. Bitte das Törtchen! Fazit: erträglich leicht.

Mr Gredy
Via Vittoria Emanuele 34
33090 Arba
Tel. (+39 0427) 930 64
www.ristorantemrgredy.it

Grappolo d'Oro

Stimmungsvolle Trattoria mit Gästezimmern. Schöner Laubengang, drinnen die Gaststube mit offenem Kamin. Typische friaulische Küche, traditionelle Gerichte.

Piazza IV Novembre 14
33090 Arba
Tel. (+39 0427) 930 19

Des Starwinzers Osteria

Eine unkomplizierte Adresse? Einfach, schlicht und trotzdem schick und zeitgemäß? Top-Weine und bodenständige friulanische Küche? Da empfehlen wir das »Terra e Vini« in Brazzano, 4 Kilometer nördlich von Cormòns. Von dort kommend gleich nach dem Ortsschild auf der linken Seite bei den hohen Rosskastanienbäumen. Die stim-

mungsvolle Osteria mit Vinothek und sieben Gästezimmern gehört zum Imperium des legendären Winzers Livio Felluga. Das renommierte Weingut ist nur 100 Meter von der Osteria entfernt. Seit dem 19. Jahrhundert gibt es diese Dorfschenke, welche die Fellugas meisterhaft restauriert haben.

Hat man die Osteria betreten, stellt sich automatisch ein Wohlgefühl ein. Zahlreiche Stammgäste wissen nicht nur das stimmungsvolle Ambiente zu schätzen, sondern auch die verlässliche Küche zu moderaten Preisen.

Die Qualität stimmt, weil man sich stark an den Schätzen der Region orientiert. So werden als Antipasti Käse aus allen Teilen des Friauls, weiters Prosciutto d'Osvaldo, Gänse-Spezialitäten von Jolanda de Colò, gekochter Schinken in Brotteig und Salami aus Cormòns serviert. Übrigens: Donnerstag ist Kutteltag, Freitag ist Fischtag. Hausgemachte Pasta und Gnocchi gibt es immer. Auch

eine Tagliata vom Rind sowie geschmorte Kalbsbackerln. Wer im Herbst zu Besuch ist, darf auf keinen Fall das Kastanieneis oder das Schokoladetörtchen versäumen. Der Service: sehr flink, sehr freundlich und jeder kennt sich bei den Gerichten aus. Und beim Wein natürlich. Da schöpft das Team aus dem Vollen. So kommen unter anderem Refosco, Friulano, Pinot Grigio und Picolit aus dem eigenen Weinkeller. *Salute!*

Osteria Terra e Vini
Via XXIV Maggio 34
34071 Brazzano di Cormòns
Tel. (+39 0481) 600 28
www.terraevini.it

Panetteria Nadalutti

Gebäck und Brot in unzähligen unwiderstehlichen Varianten, auch vorzügliches »Pan di Sorc« um die Weihnachtszeit.

Via Italia 2
34071 Brazzano di Cormòns
Tel. (+39 0481) 604 65

Malerisch schön

Der Bär ist nicht nur ein toller Koch, er ist auch ein großartiger Maler. Das liegt in der Familie. Onkel Hans war schließlich einer der besten Aquarellisten Österreichs. Da können Sie sich die Freude vorstellen, als der Bär im Hotelrestaurant der »Ciasa de Gahja« die Speisekarte aufschlägt. Die ist nämlich mit Pinselstrichen versehen. Bunt teilen diese die verschiedenen Essenskategorien ein. Rot steht für die Fleischgerichte, Grün für typische friulanische Spezialitäten, Blau für Fisch, Gelb für vegetarische Ideen und Orange für glutenfreie Gerichte.

Meine Farbauswahl pendelt zwischen Gelb und Grün, denn meine Begeisterung gilt den Pilzgerichten. Der kleine Ort Budoia, 14 Kilometer nordwestlich von Pordenone bei Aviano, ist nämlich so etwas wie das Mekka der »Schwammlnarrischen«. Und dazu gehöre ich eindeutig. Das liegt bei mir nämlich in der Familie. Ohne eine Tiefkühltruhe voller Pilze kommt niemand über den Winter.

Die »Ciasa de Gahja« ist ein wunderschöner vierkantiger Gutshof, der als Vier-Sterne-Hotel geführt wird. In der Mitte des Hofes findet man einen Swimmingpool, rundherum wächst üppig der Blauregen. Der Service? Erstklassig. Und freundlich sind sowieso alle.

Besitzerin Adriana Fava ist eine ausgesprochen gute Köchin. Ihr Ziel ist es, Kreativität und Bodenständiges zu verbinden. Vor allem bei den Fleisch- sowie Fischgerichten. Das Motto lautet: »Du bist, was du isst.«

Im Frühling stehen Spargel und Lamm auf der Speisekarte, im Herbst Kürbis, Wild und Pilze. Vor allem lieben wir die Steinpilze roh aufgehobelt mit Limonenöl und Splittern von reifem Käse.

Übrigens: Nicht die benachbarten **Kraftorte** verpassen. An den Quellen der Flüsse Livenza und Gorgazzo kann man unglaublich Energie tanken. Und malerisch schön ist es hier auch.

Ciasa de Gahja
Via Anzolet 13
33070 Budoia
Tel. (+39 0434) 65 48 97
www.ciasadegahja.com

Für Fleischtiger

Satt wie selten. Aber Signore Meroi meint es eben gut mit seinen Gästen. Schon beim Grillen am Fogolar ist eindeutig zu erkennen, dass eine Portion *Tagliata* vom Rind oder eine *Bistecca alla fiorentina* gleich mehrere Menschen satt machen würde. Der Bär reibt sich den Bauch, ich runzle die Stirn. Denn meine Hose sitzt heute schon ziemlich eng.

Von Udine sind es nur 11 Kilometer in südöstlicher Richtung nach Buttrio, einer Gemeinde mit rund 4100 Einwohnern. Schon von Weitem sieht man den hohen Glockenturm. Und sollten Sie dort die Uhrzeit verkehrt herum sehen, so haben Sie nicht ein Gläschen Wein zu viel erwischt – die Uhr auf dem Campanile besitzt tatsächlich ein spiegelverkehrtes Ziffernblatt.

Nur ein paar Schritte von der Kirche entfernt liegt das »Al Parco« – ein gediegenes friulanisches Steinhaus mit roten Balken. Die Trattoria ist mit ihren Grillspezialitäten schon lange als Mekka für Fleischtiger bekannt. In der schönen Jahreszeit nimmt man draußen im Gastgarten Platz, im Winter drinnen am offenen Kamin.

Die Küche zeigt sich betont regional und saisonal. Unter den Antipasti entdecken wir Prosciutto di San Daniele und andere Wurstwaren *(Salumi),* verschiedene Käsesorten und *Frico* in Form knuspriger Nester mit Polenta und Rauch-Ricotta. Und es wäre nicht eine *cucina tipica,* gäbe es nicht im Frühling Risotto oder hausgemachte Pasta mit Leimkraut *(Sclopit),* Spargel oder Salsiccia bzw. Pilzen im Herbst.

Der Hausherr Paolo Meroi steht aber nicht nur am Grill und bereitet das Fleisch wie Rind *(Bistecca, Filetto)* Wild und Huhn perfekt zu, sondern keltert mit seinem Sohn Damiano auch eigene hervorragende Weine in den Hügeln von Buttrio: Sauvignon, Chardonnay, Pinot Grigio, Friulano, Merlot, Refosco, Cabernet, »Nestri«, »Ros di Buri«, »Dominin«, Verduzzo und Picolit. Die Kellerei liegt in der Nähe der Trattoria. Von dort fließen die herrlichen Weine quasi unmittelbar ins Lokal.

Der Höhepunkt nach der ganzen Fleischeslust: Es gelingt mir einfach nicht mehr, den Knopf meiner Hose zu schließen. Also lasse ich ihn offen. Fein beim Sitzen, peinlich beim Aufstehen. Was glauben Sie, wie die anderen Gäste da aus der Wäsche geguckt haben.

Al Parco
Via Stretta del Parco 1
33042 Buttrio
Tel. (+39 0432) 67 40 25
www.meroidavino.com

Agriturismo Scacciapensieri

Märchenhaftes Anwesen auf einem Hügel mit Blick über die Weinberge. Mit Restaurant im alten Steinhaus, fünf Gästezimmern im neueren Gebäudeteil. Vieles wird selbst erzeugt: Prosciutto, Salami, Marmelade, Gemüse usw. Gestandene, ehrliche Küche mit viel Geschmack.

🐟 **Via Morpurgo 29**
   33042 Buttrio
   Tel. (+39 0432) 67 49 07
   www.agriturismoscacciapensieri.it 🛏

Il Vagabondo

Besonders idyllisch gelegener Agriturismo-Betrieb im kleinen Dorf Caminetto bei Buttrio. Ein wunderschönes Steinhaus aus dem 17. Jahrhundert mit bezauberndem Innenhof. Eigene Erzeugnisse wie Wein, Olivenöl, Marmelade können gekauft werden. Die Küche ist regional orientiert (Polenta, Teigtaschen mit Montasio-Käse, Huhn, Gans) und folgt den Jahreszeiten.

🐟 **Via Beltrame 18**
   Loc. Caminetto
   33042 Buttrio
   Tel. (+39 0432) 67 38 11 🛏

Azienda Agricola Fulvio Mansutti

Eines der traditionellsten Erzeugnisse Friauls – in Trester gesäuerte Rüben (sie sind auch Hauptbestandteil des urtypisch friulanischen Gerichts »Brovada«). Von Ende September bis März sind die Rüben erhältlich. Zunächst gären sie in speziellen Bottichen, dann werden sie aufgehobelt. Wichtigster Hersteller der **»Brovada«** ist Familie Mansutti, 5 Kilometer südwestlich von Buttrio.

🐟 **Via Selvuzzis 19**
   33050 Pavia di Udine
   Tel. (+39 0432) 67 51 05
   www.brovadamansutti.it

Casanova und Kulinarik

Liebe geht durch den Magen. Ich muss das wissen, schließlich habe ich einen Koch als Ehemann. Ob dies der legendäre Giacomo Casanova auch wusste, als er 1773 im Castello di Spessa weilte? Das herrschaftliche Schloss aus dem Jahr 1200 thront auf einem sanften Hügel zwischen Cormòns und Gorizia, mitten in der schönen Parkanlage sowie am gepflegten 18-Loch-Golfplatz. Das gesamte Areal ist umgeben von berückenden Weingärten. Familie Pali hat das Anwesen 1987 gekauft und in ein imposantes Resort verwandelt. So gehören neben Schloss und Golfplatz auch das Club House mit Bar und Restaurant, das Weingut, der »Wine Store Casanova« sowie die »Tavernetta al Castello« dazu. Dieses komfortable und elegante Lokal am Fuße des Schlossberges ist aus den früheren Bauernhäusern entstanden.

Das internationale Publikum sitzt vor historischen Steinwänden und der großen offenen Feuerstelle. Küchenchef Tonino Venica führt seine Gäste auf fantasievollen Wegen zurück in die Geschichte und lässt traditionelle Rezepte auf äußerst kreative Weise hochleben. Der frisch gefangene Fisch kommt täglich aus der Lagune von Grado. Wunderbar schmecken die Gänse-Salami auf einem Nest aus Mais und Chicorée sowie die Spinatcremesuppe mit feinen Speckwürfeln. Ein Klassiker: Blecs (grob geschnittene Pastaflecken) aus Buchweizen und Mais mit

Wildschwein sowie Kohlrabiblüten. Von den Pastagerichten erwähnen wir gerne die Tagliolini mit Pesto aus Vogerlsalat und Montasio-Käse sowie die Lasagnette mit Artischocken und Topinambur. Als Hauptgerichte werden etwa Ente mit Wirsing-Törtchen, Rosmarin-Kalbswangerl sowie Lagunenfische serviert.

Besonderes Augenmerk gilt den Weinen aus dem DOC Collio-Anbaugebiet. Pflicht ist es natürlich, die hauseigenen Top-Weine zu probieren. Um das Weinangebot abzurunden, werden aber auch andere italienische und ausländische Weine auf der Weinkarte angeboten. Keine Sorge, falls Sie sich nach dem Essen noch ein, zwei Gläschen der fantastischen Edelbrände der Marke De Mezzo (gehört zum Castello) gönnen: wunderschöne, herrschaftliche Zimmer stehen im Castello bereit oder auch schlichte, gemütliche Gästezimmer im Landhausstil bei der Tavernetta. Man sagt, Giacomo Casanova hat im Castello di Spessa so einige Liebesabenteuer erlebt. Gut vorstellbar, dass hier Liebe zunächst durch den Magen geht.

Tavernetta al Castello
Via Spessa 7
34070 Capriva del Friuli
Tel. (+39 0481) 80 82 28
www.castellodispessa.it

Aus der Tavernetta-Küche: Rosmarin-Kaninchen mit Speck und Mangold.

Mühlen-Idyll

Dieses Buch enthält, wie gesagt, keine professionelle Gastrokritik und ist auch kein klassifizierender Gastroguide. Hier finden Sie lauter persönliche Erfahrungen, die meine Familie und ich auf unseren kulinarischen Wanderungen durch das Friaul gemacht haben. Zugegeben, ich tu  mir schwer mit Guides zum Thema Essen und Trinken. Warum ich das so sage: Ich besitze mehr oder weniger jeden einschlägigen Band, den es im Alpen-Adria-Raum gibt. Und was ich überhaupt nicht mag ist, wenn persönliche Lieblingslokale ignoriert und Lieblingsspeisen ohne Grund für »out« erklärt werden (z. B. gratinierte Jakobsmuscheln, Wolfsbarsch, Schokokuchen mit flüssigem Kern).

Und da sitze ich wieder einmal in der bezaubernden Trattoria »Mulino Ferrant«, einer geschmackvoll renovierten Mühle aus dem frühen 18. Jahrhundert. Inklusive Mühlrad. Das Lokal befindet sich 16 Kilometer nördlich von Udine, kurz nach der Ortschaft Conoglano. Es wird von Paolo Fant geführt, dessen Gastronomieherz eindeutig für einheimische Produkte schlägt. Also schmaust man neben dem allgegenwärtigen *Frico* auch gefüllte Teigtaschen mit Kräutern oder Gnocchi mit Entenragout. Zuvor gibt es zartcremigen Rohschinken aus San Daniele. Und danach eine Panna cotta mit Erdbeeren.

Die Sonne lacht vom Himmel, unter den Arkaden ist es herrlich schattig. Rund um die Mühle: 12 000 Quadratmeter Grün. Ein fantastisches Areal, weit und lang genug für Spaziergänge, Reitausflüge und Fahrradtouren. Der Erholungsfaktor ist hier nicht zu toppen. Warum ich das alles so genau weiß? Ähm, ich hab's nachgelesen. Manchmal findet sich ja doch Brauchbares unter den Gastro-Bewertungen.

Mulino Ferrant
Via dei Mulini 8
33010 Cassacco
Tel. (+39 0432) 88 13 19
www.mulinoferrant.it

Genuss-Oase

Wie das Erfolgsrezept in der Osteria »Dal Cjco« aussieht? Man nehme Slow-Food-Produkte von höchster Qualität und Frische und mische sie mit traditionellem Geschmack sowie einer Portion Einfallsreichtum und Inspiration. Dazu kommt dann noch mehr als ein Schuss Selbstvertrauen in die regionale Küche und ein unschlagbares Geschwister-Gespann.

So sind es Liana und Massimo Cozzi, die sich in der ruhigen Ortschaft Oltrerugo (46 Kilometer nordöstlich von Pordenone) eine feine Genussoase geschaffen haben. Liana kocht, Bruder Massimo führt den Service.

Wir sitzen gediegen neben dem Fogolar, mit einem schönen Blick ins Grüne. Die Speisekarte wird mündlich vorgetragen, die Küche basiert auf Fleisch, einigen Seitensprüngen Richtung Adria sowie einigen vegetarischen Ideen. Wir starten mit marinierten Sardellen, Kapern und Oliven bzw. den *Salumi* der Region. Herrlich die Teigtaschen mit Leimkraut oder das Risotto mit Montasio-Käse. Als Hauptspeise schmeckt besonders der Schweinsbraten mit Spargel und Spinat. Käsefans freuen sich über eine gelungene Auswahl von Käsesorten wie Formadi Frant, Pecorino, Montasio, Asìno usw. Als Naschkatzen raten wir unbedingt, die fantastischen Kuchen zu probieren. Dazu einen Gang zurückschalten, Ruhe und Vino genießen. Prädikat: sehr empfehlenswert!

Dal Cjco
Loc. Oltrerugo 119
33091 Castelnovo del Friuli
Tel. (+39 0427) 900 32
www.osteriadalcjco.it

Slow Food vom Feinsten

Alltagsstress raus! Niemand hetzt uns heute. Einfach mal innehalten und genießen. Hand aufs Herz: Diese abgeschiedene Gegend und dieses kleine Dorf am Rande der Berge, 30 Kilometer nördlich von Pordenone, sind nicht unbedingt der Nabel der Welt, und trotzdem: kein kulinarisches Brachland. Dafür sorgt eines der besten Lokale der italienischen Slow-Food-Szene, das »Ai Cacciatori« in Cavasso Nuovo. Perfekt, um kurz der Hektik zu entschwinden. »La vita è bella«, stellt der Bär freudig fest und erhebt dabei sein Glas Friulano.

Wer in dem Fall für dieses unbeschwerte Dasein verantwortlich ist? Zuerst Gastgeber Daniele Corte, der seinen Gästen jeden Wunsch von den Augen abliest. Allerdings ist es schwer, hier noch welche zu haben (weil sie ohnehin von Haus aus erfüllt werden). Und Angelina, Danieles Ehefrau und Chefköchin. Auf ihren Tellern landet, was sich im Umkreis an kulinarischen Schätzen so finden lässt. Dabei konzentriert sich die Qualitätsfanatikerin auf die besten Grundprodukte sowie auf authentischen Geschmack, und sie folgt akribisch den Jahreszeiten.

Als wunderbaren Einstieg empfehlen wir die Polenta mit warmer *Pitina* und geräuchertem Ricotta. Pitina? Das ist ein ganz besonderes Wurst-Produkt, *molto tipico* für diese Gegend. Sieht aus wie ein platt gedrückter Salami-Knödel. Mit Almkräutern gewürzt, mit Salz und Pfeffer abgeschmeckt, in Polentamehl gewälzt und geräuchert. In der Osteria kann man die Pitina auf verschiedenste Arten probieren.

Aber auch, wer Innereien wie Kalbsnieren, Leber und Kutteln liebt, ist hier an der richtigen Adresse. Wir entscheiden uns für Blecs mit Kastanien und *Ragù di lepre* (Hasenragout). Das Lokal hieße jedoch nicht »Ai Cacciatori«, wenn es nicht hervorragendes Wild (Hirsch, Reh, Rebhuhn, Wildschwein) gäbe. Im Herbst ein Traum: Risotto mit Steinpilzen. Zu trinken? Die reiche Auswahl an über 300 Etiketten lässt keine Wünsche offen. Danach warten grandiose Dolci, basierend auf Kastanien und Kaki sowie außergewöhnlich variantenreiche Käsesorten mit verschiedensten Gelees dazu.

Die einzige Sorge, die uns in dem Moment quält: Hoffentlich geht sich trotz der üppigen Portionen noch etwas kleines Süßes aus! Aber stressen lassen wir uns deshalb nicht.

Ai Cacciatori
Via Armando Diaz 4
33092 Cavasso Nuovo
Tel. (+39 0427) 77 78 00

Friaulische Wurstspezialität: Pitina

La Stella

Knappe 4 Kilometer nördlich von Cavasso Nuovo entfernt. Über den Fluss Meduna. Fantastische friaulische Küche: Kutteln mit Bohnen und Polenta, Tagliatelle mit Weinbergschnecken, Risotto mit Kräutern, Wachteln mit Polenta, Apfelkuchen, Schokoladenkuchen.

🐟 **Via Principale 38**
33092 Meduno
Tel. (+39 0427) 861 24

Macelleria Bier

Die **Pitina** ist das Aushängeschild unter den hiesigen Wurstspezialitäten. Fleischermeister Filippo Bier hat dieses beliebte Slow-Food-Produkt perfektioniert.

🐟 **Via Roma 1**
33092 Meduno
Tel. (+39 0427) 861 89
www.pitina.com

Schule des guten Geschmacks

Tischunsitten, die mich nerven – erstens: Mit der Nase zum Gericht und schnüffeln. Zweitens: Vom Nachbarsteller kosten. Drittens: Den Teller mit der Zunge abschlecken. Bin ich selbst davor gefeit? Nicht immer. Zu gut duften im »Borgo Poscolle« die Ravioli mit Kaninchen, zu sehr lockt das Perlhuhn, das ich unbedingt von des Bären Teller schnappen muss.

Aber beginnen wir von vorne. Es waren einmal zwei Gymnasiallehrer in Triest. Rita Lenisa und Lucio Pillinini. Deren Traum war es, eine eigene kleine Trattoria zu führen. Deshalb eröffneten sie in ihrer Pension das »Borgo Poscolle«. Allerdings in einer ganz anderen Ecke des Friauls. Nämlich nicht am Meer, sondern in der Carnia bei Tolmezzo.

Jede Ecke des freundlichen Lokals trägt die persönliche Handschrift der Gastgeber. Und die fühlen sich sichtlich wohl zwischen Bibliothek, Zeichnungen, Grafiken, dem offenen Herd, einer Comicsammlung, dem Sichtgebälk. Das überträgt sich natürlich sofort auf das eigene Wohlbefinden. Willkommen zu Hause!

Gekocht wird unkompliziert, mit hervorragenden Zutaten, wenn möglich in Bio-Qualität. Rita überwacht die Kochtöpfe, gemeinsam mit Luca Paschini, Lucio kümmert sich um die Gäste und den Weinkeller. Wir starten mit einem herrlich leichten Rindscarpaccio, hausgemachter Pasta mit Ragù. Der Baccalà? Himmlisch dezent und cremig. Bei der Hauptspeise können wir uns kaum zwischen dem gebratenen Rosmarin-Lamm und dem Schweinsfilet mit Speck und Äpfeln entscheiden. Weitere zwei Pluspunkte für diese heimelige Trattoria, die einmal ein Pferdestall war: der Sitzgarten im Freien mit Blick auf Berge und Kirche, sowie das grandiose Preis-Leistungsverhältnis.

Bei den Dolci hat Rita das Sagen. *Millefoglie* (feinblättriges Schichtdessert) sind ein Klassiker, dazu gibt es Milcheis und Cremiges aus Schokolade. Perfekt: die Apfeltorte. Und mein Dessertteller war blitzeblank.

Borgo Poscolle
Via Poscolle 21A
33020 Cavazzo Carnico
Tel. (+39 0433) 93 50 85

Frico con patate

Käseomelett mit Kartoffeln

Ein Klassiker der friaulischen Küche, der oft mit Polenta gegessen wird.
Ein deftiger Schmaus, mit nur wenigen Zutaten.

Zutaten für 4 Personen:
- **300 g Montasio-Käse, fein gerieben**
- **4 Kartoffeln, feinblättrig geschnitten**
- **1 Zwiebel, fein gehackt**
- **Salz, Pfeffer**
- **Olivenöl**

Zubereitung:

Olivenöl in einer schweren Pfanne kurz erhitzen und die Zwiebel andünsten. Die feinblättrig geschnittenen Kartoffeln in die Pfanne geben und knusprig rösten. Wenn die Kartoffeln goldbraun sind, den fein geriebenen Käse über die Kartoffeln streuen und schmelzen lassen. Das Ganze wenden, bis das dicke Omelett schön knusprig ist. Nach Belieben mit Salz und Pfeffer würzen.

Außen hui und innen erst recht

Wenn sich ein Restaurant von außen hypermodern und supertrendig präsentiert, werden der Bär und ich schon etwas skeptisch. Aber ich will uns ja nicht als altmodische Spießer outen. Das »Il Cecchini« hat uns sowieso eines Besseren belehrt. Mitten in dem kommoden Wohnviertel der kleinen Ortschaft Cecchini, 12 Kilometer südlich von Pordenone, ertönt plötzlich chillige Musik und das gar nicht leise. Vor dem Eingang im Garten erwarten uns: haushohe Palmen, unzählige Skulpturen, lässige Loungemöbel sowie stilvolle Beleuchtungskugeln.

Eines steht fest: mit ihrem Restaurant bringt Familie Carraro ein ganz schönes Stück Urbanität in die Provinz. Aber das Lokal zeigt sich nicht nur als stylisher Design-Tempel, sondern auch als ziemlich feiner Gourmet-Tempel. Kein Wunder, gehört das »Il Cecchini« seit Jahren zu den besten Adressen der Region. So feiert Familie Carraro heuer ihr 30-Jahre-Jubiläum. Zum Lokal gehören außerdem ein Hotel sowie das legere Bistro mit den quietschroten Stühlen.

Signora Carraro empfängt uns fröhlich und führt uns ins Ristorante. Rechts die einzigartige Dom Pérignon-Privatbar, links der neue, coole Gastraum. Die Tischkultur? So außergewöhnlich und zeitgemäß wie das Lokal selbst. Wallende, schwarze Tücher bis zum Boden, darüber weißes Leinen, feines Silber, mundgeblasene venezianische Gläser, Skulpturen in Weiß, Gold, Silber und Rot. Moderne Kunst so weit das Auge reicht. Der Fogolar: ein puristischer Glaskubus. Da brennt sogleich das Feuer.

In der Küche von Marco Carraro spielen Adriafisch und Krustengetier die Hauptrolle. »Täglich fangfrisch vom Markt in Chioggia«, wie er uns erzählt. Der Bär ist bekanntlich Qualitätsfanatiker und hört gar nicht mehr auf, mit dem Kopf zu nicken. Auf beste Grundprodukte kann man jegliche Kreativität aufbauen. Das tut Marco Carraro mit größter Begeisterung. Die optische Präsentation meistert die Küchencrew perfekt, geschmacklich halten die Kompositionen, was sie versprechen.

Wir starten gleich mit acht Antipasti im Miniformat als Küchengruß: Tomaten-Gazpacho, Kartoffelcreme mit Oktopus, Pecorino in Balsamico und Zupfsalat, verschiedene Nüsse wie Mandeln und Haselnüsse, frittierte Zucchini-Stangerl sowie Parmesan-Dip mit Mozarella-Stücken. Dazu munden handgerollte Grissini mit Oliven und Chili. Wir grüßen herzlich zurück. Den Wein lassen wir den Sommelier aus über 700 Positionen auswählen.

Dann wieder Brot: kross, weiß, knusprig und in feine Scheiben geschnitten. Es folgen Austern, Branzino-Carpaccio mit Himbeeren, Orangenstückchen und Radicchio di Treviso sowie gratinierte Capesante. Von wunderbarer Frische: das Piña-Colada-Apfel-Sorbetto. Als Zwischengang wird erneut Gebäck serviert, dieses Mal mit Tomaten, mit violetten Kartoffeln, mit Olivenstücken, mit Sepia-Tinte schwarz gefärbt. »Was für ein Geschmack«, jubiliere ich, und der Bär ist fast beleidigt. Schließlich ist er für seine Brotbackkunst bekannt. Wir einigen uns schließlich darauf, dass das Cecchini-Brot fast so gut ist wie zu Hause – und das will schon was heißen.

Zur Hauptspeise freuen wir uns über einen auf den Punkt gegarten Petersfisch, dazu Scampi, getrocknete Tomaten und ein so außergewöhnliches wie verwirrend gutes Sardellen-Eis.

Nachspeise? Geht eigentlich nicht mehr, aber die Neugier siegt. Zum Glück! Denn es kam eines der besten Desserts, das wir je im Friaul genossen haben, auf den Tisch. *Millefoglie,* die bekannte Schicht-Süßspeise. Ein ungefähr 15 Zentimeter hoher Turm aus feinstem Blätterteig mit Vanillecreme gefüllt. Klingt einfach, schmeckt köstlich. Zuvor ein Pre-Dessert, danach ein süßer Gruß mit Zuckerwatte und verschiedenen Törtchen … und dann geht nix mehr.

Alles perfekt hier. Beeindruckend perfekt. Das sage ich auch dem Bären, und wie automatisch schielen wir in Richtung Lautsprecher, aus der die Lounge-Musik dröhnt. Aber wie gesagt: Ich will uns keineswegs als Spießer outen.

Il Cecchini
Via Sant'Antonio 9
33087 Cecchini di Pasiano
Tel. (+39 0434) 61 06 68
www.ilcecchini.it

Da Carmelo

Feinste friaulische Küche. 11 Kilometer südwestlich von Pordenone, 7 Kilometer nördlich von Pasiano. Bekannt für Baccalà, Kutteln, hausgemachte Pasta.

Via Villotta 41
33087 Pasiano di Pordenone
Tel. (+39 0434) 62 02 59

Villa Luppis

Vier-Sterne-Hotel in einer herrschaftlichen Villa, umgeben von einem weitläufigen Park. Zeitgemäße Küche im Hotelrestaurant, traditionell sowie international. 5 Kilometer südwestlich von Pasiano.

Via San Martino 34
33080 Rivarotta Pasiano
Tel. (+39 0434) 62 69 69
www.villaluppis.it

Bibliophile Osteria

Hier möchte ich bitte gerne einziehen. Denn so ähnlich sieht mein eigenes Wohnzimmer aus: mit ganz vielen Bücher und edlen Weinflaschen. Um Geist und Körper gleichermaßen zu füttern. Der Bär weiß natürlich um die Vorlieben seiner Frau und grinst wie ein Kobold in sich hinein.

»Libreria con cucina« steht auf dem Eingangsschild, Weiß auf Grün. Vor zehn Jahren haben Stefania Roverelli und William De Stales die »Buchhand-

lung mit Küche« zusammen mit einem Bed & Breakfast in dem kleinen Dorf in der Carnia eröffnet. 20 Kilometer sind es an die österreichische Grenze, 18 Kilometer nach Tolmezzo. Als die beiden Williams Elternhaus umgebaut haben, wussten sie bereits, dass daraus etwas »nicht Alltägliches« entstehen sollte, »und Bücher sowie gutes Essen passen doch perfekt zusammen.« Davon sind alle bis heute überzeugt. Wir übrigens auch. Schließlich tragen Bücher und auch Gerichte immer das Wissen, das Können und die Handschrift ihres Schöpfers in sich.

In den historischen Mauern des Gebäudes dominieren warme Farben, buntes Glas, Keramik, Bilder, Fotos, und überall stehen verschiedene Sessel, Stühle und Sofas herum. »Nehmen Sie Platz!« Gerne – sehr, sehr gerne. Nicht aber, bevor ich im großen Bücherregal geschmökert habe. Aha, Schwerpunkt Friaul-Julisch Venetien und

hier natürlich die Carnia. Die Atmosphäre in der Buchhandlung bzw. Osteria: familiär, persönlich, unkompliziert – wie bei guten Freunden.

Dass es keine Speisekarte gibt, fällt uns zunächst gar nicht auf, weil wir so gut wie immer die Tagesempfehlungen wählen. Ausführlich wird unser Menü besprochen und als Reise durch die nähere Umgebung, die Carnia, aber auch durch die Toskana sowie die Emilia-Romagna vorgestellt. Es geht also kulinarisch unter anderem in die toskanische und römische Heimat von Stefanias Eltern. Klingt spannend.

Diese Reise sollte kein Kurztrip werden: Als perfekten Start serviert der Gastgeber eingelegtes Gemüse, Crostini mit Speck, dazu Käse (Formadi Frant) sowie gekochten Schinken und Salami. Dazu: Bergradicchio (Radic di mont) und Pilze in Öl. Das Gemüse, die Früchte und die Kräuter stammen übrigens zum größten Teil aus dem eigenen Garten. Da der Bär selbst an jedem Tag der Woche verschiedene Sauerteige am Gären hat, fällt ihm gleich das herrliche, selbstgebackene Brot auf. Aus verschiedenen Mehlsorten, außen knusprig, innen saftig und von kompakter Struktur.

Ob Ravioli, Tortelli oder gefüllte Teigtaschen (Cjarsons): Auch sämtliche Nudelarten sind von Hand gemacht. Großartig die Lasagne mit Melanzani sowie die

superflaumigen Gnocchetti auf Lauch. Eine Klasse für sich ist das Risotto mit Pilzen. Bei den Hauptgerichten empfehlen wir Bodenständiges: *Salsiccia, Polpetti* (faschierte Laibchen) aus Kalbfleisch mit Kartoffelpüree, Schweinsbraten oder Kutteln.

Danach duftet es verführerisch nach Zimt, Rosinen und Schokolade. Süße Teigtaschen! Ein bisschen Platz muss im Magen noch sein, denn zum Finale wartet eine *Crostata* mit Brombeeren auf uns. Unsere Blicke wandern zwischen dem kompakten Mürbteigkuchen, den feinen friulanischen Weinflaschen und der Bibliothek

umher. Dabei bringt es der Bär auf den Punkt: »Wahrlich eine Osteria wie sie im Buche steht!«

In Plait
Via di Sot 51
33020 Cervicento
Tel. (+39 0433) 77 84 12
www.inplait.com
Das Restaurant ist nur auf Bestellung
ab 2 Personen geöffnet.

Königlich speisen

Der Name ist hier Programm. Und der lautet übersetzt »Zu den drei Königen«. Denn der Gast ist in dieser traditionellen Osteria im Herzen von Cividale immer König. Ein grundsympathisches Haus mit familiärer Atmosphäre, das sich Einheimische und Cividale-Besucher gleichermaßen teilen. Zudem speist man hier auch ganz königlich, Pasta zum Beispiel. Passt genau. Der ältere Bären-Bube hat nämlich gerade seine »Nudeln-mit-nix«-Phase und bekommt seine Tagliatelle wunderbar in Salbeibutter geschwenkt. Der kleinere Bären-Bube besteht partout auf Ragù. Dieses gibt es mit Kaninchen-Fleisch, aber wir tun einfach so, als wäre es Huhn.

Das Lokal wird im Stil der hiesigen Tradition geführt und befindet sich in einer kleinen Seitengasse im Herzen von Cividale. Also einfach die Piazza Paolo Diacono schräg überqueren und durch den Bogen beim kleinen Handarbeitsgeschäft links einbiegen. Und weitergehen – ja, da geht es tatsächlich weiter. Die Küche im »Ai Tre Re« ist generell sehr bodenständig und regional, ohne viel Schnickschnack. Dazu gibt es die passenden Weine aus der Umgebung. Das Ambiente: dicke Holzbalken an der Decke, alte Steinmauern und die obligatorische offene Feuerstelle.

Der Empfang ist immer herzlich, die Ratschläge zur Auswahl des Menüs professionell. Also beginnen wir bei den Antipasti mit einer Reise durch die Region. Mit Prosciutto aus San Daniele, Käse aus Carnia usw. Und weil es auch bei unserem dritten Besuch in Cividale wie aus Kübeln schüttet, brauchen wir etwas Wärmendes: eine herzhafte Bohnensuppe *(Pasta e fagioli)*. Eine dicke Gemüsesuppe (Minestrone) steht auch auf der Speisekarte. Dann folgen superzarte Gnocchi mit Speck, eine top-frische Kalbsleber und gegrillte Schweinsmedaillons. Nachspeise? Palatschinken mit Vanillecreme und frischen Früchten gefüllt.

Pst, die Bären-Buben glauben noch an den Osterhasen. Also, bitteschön, kein Wort vom Kaninchen am Teller.

Ai Tre Re
Via Stretta San Valentino 29
33043 Cividale del Friuli
Tel. (+39 0432) 71 51 04
www.trattoriaaitrere.it

Frittata alle erbe

Kräuteromelett

Ein schnelles, einfaches Gericht. Wird im Friaul sehr oft mit Sclopit, dem Leimkraut, zubereitet. Schmeckt aber auch bestens mit unseren heimischen Wiesen- und Gartenkräutern. Zu kombinieren mit Spargel, Speck, Prosciutto, Artischocken, Kartoffeln, Zucchini, Pilzen. Eine Frittata wird als Vorspeise oder Hauptgericht serviert, oder in kleine Stückchen geschnitten zum Aperitif.

Zutaten für 2 Personen:
- **6 Eier**
- **gehackte Kräuter nach Belieben (Brennnesselspitzen, Petersilie, Minze, Salbei, Estragon, Dille, Bärlauch, Kerbel, Schnittlauch, Basilikum)**
- **etwas geriebener Käse**
- **etwas geriebene Muskatnuss**
- **Salz, Pfeffer**
- **Olivenöl**

Zubereitung:

Die Eier gut verquirlen, mit den gehackten Kräutern sowie dem Käse vermengen und mit Salz, Pfeffer und Muskatnuss würzen. Etwas Olivenöl in einer Pfanne erhitzen, den Omeletteig eingießen und goldbraun anbraten. Mit Hilfe eines Tellers wenden und auch die zweite Seite goldbraun anbraten.

Al Monastero

Elegantes Restaurant bei einem alten Kloster im Zentrum. Heimelige Gewölbedecken in den Räumen, stimmungsvoller Innenhof für laue Sommerabende. Die Küche legt Wert auf regionaltypische Aromen, top Fleischgerichte. Sehr süffig der eigene Wein vom Weingut in Prepotto. Apartments zu vermieten.

🐟 **Via Ristori 9**
33043 Cividale del Friuli
Tel. (+39 0432) 70 08 08
www.almonastero.com 🛏

Enoteca de Feo

Gemütliche Enoteca im Stadtzentrum, magische Stimmung am Abend bei Kerzenschein. Über 600 verschiedene Weine aus Italien und dem Ausland sowie eine riesige Auswahl an Produkten. Allein über 50 Käsesorten von Montasio, über Asìno, Formadi Frant bis hin zu Pecorino aus dem Karst. Salumi: Prosciutto D'Osvaldo, Pitina Valtramontina, Speck aus Sauris usw. Dazu: herzhafte, friaulische Küche.

🐟 **Via Adelaide Ristori 29**
33043 Cividale del Friuli
Tel. (+39 0432) 70 14 25
www.enotecadefeo.it

Blick auf Cividale del Friuli

Enoteca de Feo

Pasticceria Ducale

Naschkatzen aufgepasst! Ausgezeichnete regionaltypische Köstlichkeiten werden in diesen aquablauen Wänden verkauft: **Süßes** wie Gubana, Strucchi, Crostate, Eis, Torten, Petit Fours, Biscotti.

🐟 **Piazza Alberto Picco 18**
33043 Cividale del Friuli
Tel. (+39 0432) 73 07 07

Drogheria Scubla

Fabelhaft sortierter **Feinkostladen** mitten im Zentrum. Die Regale reichen bis unter die Decke. Familie Scublas Vitrinen sind prachtvoll bestückt mit Käse, Prosciutto und Wurstspezialitäten. Natürlich gibt es auch jede Menge Weinflaschen sowie Pasta, eingelegtes Gemüse, Öle, Gewürze und Spirituosen.

🐟 **Corso Mazzini 33**
33043 Cividale del Friuli
Tel. (+39 0432) 73 19 95

La Bottega del Gusto

Ein paar Schritte von der Teufelsbrücke entfernt. **Spezialitä-ten** aus Friaul-Julisch Venetien sowie aus ganz Italien.

🌊 **Via Paolino d'Aquileia 14**
33043 Cividale del Friuli

Distilleria Domenis

Bekannte Destillerie mitten im Grünen, südlich von Cividale. Seit 1898 wird einmaliger **Grappa** hergestellt.

🌊 **Via Darnazzacco 30**
33043 Cividale del Friuli
Tel. (+39 0432) 73 10 23
www.domenis.com

Moschioni

Michele Moschioni produziert fruchtiges, kräftiges **Olivenöl.** Und natürlich viel Wein. Mit Augenmerk auf die autoch-thonen Sorten. Knappe 4 Kilometer südlich vom Zentrum Cividales.

🌊 **Via Doria 30**
33043 Cividale del Friuli
Tel. (+39 0432) 73 02 10
www.michelemoschioni.it

In Cividale: Die Teufelsbrücke (Ponte del diavolo)
über dem Natisone.

Wilde Klassiker

Kein Genuss ist vorübergehend, denn der Eindruck, den er zurücklässt, ist bleibend.« Wahre Worte, Herr Goethe. Im »Costantini«, 4 Kilometer südlich von Tarcento, treffen sie die Situation genau auf den Punkt. Die Küche ist nämlich in der Tat eindrucksvoll. Und das riesige Schild, das zum Restaurant gehört, schwer zu übersehen.

Der Familienbetrieb wurde von Eligio Costantini gemeinsam mit seinen Brüdern Lino und Costantino 1976 gegründet. Senior-Chef Eligio steht nach wie vor Küchenchef Silvio Di Giusto zur Seite. Sohn Pio kümmert sich um den bekannten Catering-Service und um den Weinkeller mit über 500 Etiketten aus aller Welt.

Für frischen Wind sorgt die in diesem Jahr erfolgte Renovierung des Lokals sowie die bezaubernde Alessia, Tochter von Pio. Von den zahlreichen, wahrhaft schmackhaften Gerichten möchte ich Ihnen zwei ganz besonders ans Herz legen. Eines wäre das Beef Tartar, das vor den Gästen zubereitet wird. Das andere ist die Hirschlende mit Sauce aus Schioppettino di Prepotto. Beide Gerichte stehen seit der Gründung des Lokals 1976 durchgehend auf der Speisekarte. Sie sind absolute Klassiker und haben nichts an Aktualität verloren. Das Wild-Rezept wurde jedoch überarbeitet und leichter gemacht. Top: die Cjarsons mit Zimt und Rosinen oder mit Leimkraut *(Sclopit)* im Frühling. Im Herbst dreht sich bei Costantini alles um Pilze, Wild und Trüffel. Übernachten? Kann man. 20 Zimmer und 2 Suiten stehen bereit. Damit der Genuss in die Verlängerung gehen kann.

Costantini
Via Pontebbana 12
33017 Collalto di Tarcento
Tel. (+39 0432) 79 20 04
www.albergocostantini.com

Panificio Il Forno

Brot und Süßgebäck täglich frisch und aus verschiedensten Mehlsorten gebacken. Bereits der Duft betört. Familie Rizzo lässt den Teig fast 24 Stunden lang gehen. Ausgezeichneter Panettone mit kandierten Früchten.

Via Morgante 32
33017 Tarcento
Tel. (+39 0432) 78 56 54

Und dann – stopp!

Ich leide an einer speziellen Form von Gastro-Demenz. Immer wenn Trüffeln gehobelt werden oder eine rote Berkel-Maschine mit einer Keule Prosciutto angeworfen wird, vergesse ich aufs Stopp-Sagen. Und da sitzen wir mal wieder im »La Taverna« und ich bringe das Wort nicht und nicht über meine Lippen. Gut so, denkt sich der Bär und schnuppert am gigantischen Trüffel-Berg auf dem Montasio-Süppchen.

Eines der besten Restaurants der Region Friaul-Julisch Venetien bewohnt die elegante, ehemalige Orangerie des Castello di Monte Albano, das 15 Kilometer nördlich von Udine liegt. Das Erdbeben im Jahr 1976 zerstörte einen Großteil des Schlosses. Bis heute kann man die Folgen sehen. Die Orangerie hatte das Unglück jedoch unbeschadet überstanden. Hausherr Piero Zanini und seine Frau Matilde kauften dieses wunderbare Plätzchen ein paar Jahre später. Sie haben es sich zur Aufgabe gemacht, alten Traditionen auf modernstem Wege zu folgen. So haben nicht nur die Berge, sondern auch das Meer einen großen Einfluss auf die Küche. Kein Wunder: Alpen und Adria sind nicht weit weg. Da schöpft Familie Zanini also aus dem Vollen.

Zuerst jedoch heißt es Platz nehmen. Am liebsten auf der wunderbaren Terrasse mit Blick auf den Garten, über dem im Sommer ein riesiges, helles Segeldach gespannt ist. Wir beginnen mit einer fantastischen Crème brûlée aus Leimkraut, Wildkräutern und einer Sauce aus Asìno-Käse sowie mit einer Variation aus rohen Scampi,

Orangen, Wasabi und Soja-Sauce. Danach folgen eine exzellent gratinierte Lasagnetta mit feinen Brennnesselspitzen. Wunderbar der Wolfsbarsch mit getrockneten Tomaten, Kapern und Kakaobohnen. Auf der Karte entdecken wir auch eine knusprig glacierte Schulter vom Spanferkel mit frischem Spinat und Senfkörnern sowie Fischhauptgerichte wie Garnelen, Seeteufel usw.

Bei den Dolci bleiben wir dem Haus treu. Also die bekannten gefüllten Kugeln aus feiner Zuckermasse. Dieses Mal sind sie mit Mascarpone, Kaffee, Amaretto gefüllt. Das letzte Mal mit dreierlei Schokolade und im Sommer mit herrlichen Früchten. Besonders verlockend: das flaumige Schokoladentörtchen mit Kirschen und Joghurt. Dann klettern wir in den grandiosen Weinkeller hinab. Ein traumhafter Ort mit einer unfassbaren Sammlung großer Jahrgänge aus ganz Italien, aber auch dem Rest der Welt. Schwerpunkt: Friaul. Spannend: die Champagner, prickelnd, belebend – einfach fantastisch!

Und bevor ich jetzt gar nicht mehr aufhöre zu schwärmen, sage ich jetzt wirklich einfach »Stopp«.

La Taverna
Piazza Castello 2
33010 Colloredo di Monte Albano
Tel. (+39 0432) 88 90 45
www.ristorantelataverna.it

Blick auf Colloredo di Monte Albano

L'Antico Molino Persello

Polentabrot für zu Hause. Unzählige Sorten von **Polenta- und Weizenmehl**. 4 Kilometer südöstlich von Colloredo di Monte Albano.

> **Via Gino Nais 23**
> **33010 Caporiacco di Colloredo di Monte Albano**
> **Tel. (+39 0432) 88 90 98**
> **www.molinopersello.it**

Azienda Agricola Dordolo

Bekannt für **Fleisch- und Wurstwaren** wie Speck in der Schwarte, Salami, gerollter Bauchspeck, Lardo, Qualitäts-Schweinefleisch usw.

> **Via Pissignano 22**
> **33010 Colloredo di Monte Albano**
> **Tel. (+39 0432) 88 92 15**
> **www.agricoladordolo.it**

Azienda Agricola Narduzzi

Netter, einfacher Bauernladen mit gut gefüllten Vitrinen. Freundliche Bedienung. Prosciutto, Speck in vielen Varianten, Käse in unterschiedlichsten Reifestadien. Auch Mehl und Öle.

> **Via Nievo 65**
> **33010 Colloredo di Monte Albano**
> **Tel. (+39 0432) 88 96 14**
> **www.spaccioaziendalenarduzzi.it**

Typisches und Traditionelles

Wir trinken immer, wenn wir essen und wir essen immer, wenn wir trinken. Also sind wir in der beliebten Osteria »Al Curtif« schon einmal richtig, denn der Weinkeller ist üppig bestückt. Mit edlen Tropfen aus der Region, aus anderen Teilen Italiens sowie aus Slowenien. Außerdem hat man mit Gastgeber Luca Fantuz sowie Papa Onorio gleich zwei ausgebildete Sommeliers an der Seite.

Wo dieses Kleinod liegt? Fünf Kilometer nordöstlich von Pordenone in der Gemeinde Cordenons. Da steht das Landhaus »Al Curtif« aus Steinen gebaut,

mit den roten Balken, als unglaublicher Kontrast zu den modernen Häusern drumherum. Die stattliche Veranda lädt zum Verweilen an, drinnen ist diese Genussoase mit viel Charme eingerichtet: Tonkrüge, Keramikteller an der Wand, Häkeldeckerl, Fotos. Hier treffen sich also Gemütlichkeit und Patina.

Luca Fantuz führt die Osteria mit seiner Frau Michela, die Eltern haben großartige Aufbauarbeit geleistet. Die Küche ist tagesfrisch und herzerwärmend. Gemüse und Kräuter kommen aus dem eigenen Garten, die Speisekarte führen die Menüs »Il Tradizionale« und »Il Tipico« an. Da kommt also alles auf die Teller, was die Region bietet. In tüchtigen Portionen, ohne modischen Firlefanz. Da gibt es Wildschwein-Terrine, Crespelle mit Radicchio und Speck, Gnocchi mit Gorgonzola, Kutteln, Stockfisch, eine Tagliata vom Rind, Frico mit Speck, Lauch, gekochter Wurst und Birnen. Als Dessert warten eine herrliche *Crostata di ricotta,* außerdem eine Apfeltorte, und die ist sogar karamellisiert.

Und dann bestellen wir noch geschwind eine Flasche Vino. Wie gesagt – wir trinken nur, wenn wir essen und essen nur, wenn wir trinken.

Al Curtif
Via del Cristo 3
33084 Cordenons
Tel. (+39 0434) 93 10 38
www.osteriaalcurtif.it

Botschafter der friulanischen Küche

Fragt uns jemand: Friaul? Sagen wir: »Al Cacciatore de La Subida.« Und einen schönen Gruß von den Bären. Familie Sirk vorzustellen halten einige bestimmt für nicht notwendig, schließlich handelt es sich um eine der bekanntesten Gastronomiefamilien des Landes. Loredana und Josko Sirk sind Gralshüter der regionalen Küche, ihr Restaurant zeichnet sich durch ein Ambiente aus, das so fein ist wie die Aromen auf den Tellern. Es ist bestimmt Familie Sirk zu verdanken, dass die Österreicher nicht mehr direttissima nach Grado fahren, sondern die Sehnsucht sie in den Collio treibt.

13 Kilometer westlich von Gorizia, unweit der slowenischen Grenze in der hügeligen Landschaft des Görzer Collio, finden Sie das einzigartige Reich der Sirks. Das Ristorante ist das Herzstück, im Eichenwald liegen die wunderschönen Landhäuser, der versteckte Swimmingpool, die faszinierende Essig-Manufaktur. Dann noch die schlichte Osteria am Fuße des

Laubwäldchens, die Pferdestallungen sowie die Tennisplätze gegenüber.

Familie Sirk öffnet ihr Zuhause, ihr Heim für ihre Gäste – ein kraftvolles, selbstbewusstes Haus und ein wundersames Stück Geborgenheit. Diese Freundschaft und Liebe spürt man überall. Wissen Sie, warum ich jetzt gleich sentimental werde? Der Bär und ich feierten nämlich genau an diesem Platz unsere Traumhochzeit. Und genau hier war ich zuvor gefragt worden und habe sofort »Sì«, pardon, »Ja« gesagt. Das macht diesen Ort zu etwas ganz Besonderem.

In der warmen Jahreszeit draußen zu sitzen, ist durch fast nichts zu übertreffen. Und in der kalten Jahreszeit wärmt drinnen der offene Kamin. Die Atmosphäre: entspannt und familiär.

Küchenchef ist Alessandro Gavagna, Ehemann der bezaubernden Tochter Tanja Sirk. Mit ihm kann man sich durch Wald und Wiese kosten und auf diese Art das Friaul kulinarisch ermunden. Jedes seiner Gerichte,

Alle an einem Tisch: Familie Sirk & Freunde

basierend auf Einflüssen Italiens und Sloweniens, wirkt verführerisch und beschwingt, zugleich harmonisch und von sicherer Hand ausgeführt. Nicht umsonst hat der Guide Michelin Sandro einen »Stern« verliehen. Er beherrscht die Kunst des Anrichtens wie nur wenige. So wirkt jedes Gericht wie ein Kunstwerk. Eines davon: Artischocken mit Zupfsalat und den roten Blättern der besonderen Radicchiosorte »Rosa di Gorizia«. Leicht und zart. Zuvor jedoch ordentliche Schnitten vom Polentabrot sowie die krossen Käsenester am Stiel zum Knabbern. Eines meiner absoluten Lieblingsgerichte sind die »Girini«-Nudeln im Glas. Sie werden mit dem zubereitet, was eben gerade Saison hat. Mit Pilzen im Herbst, im Winter mit Granatapfel, im Sommer mit Zucchini. Die beste Weinempfehlung kommt von Sommelier Michele Paiano. Immer präsent: Allround-Talent Mitja Sirk, Sohn des Hauses, der überall anpackt, wo er gebraucht wird.

Unbedingt zu probieren sind die gefüllten Zucchini-Blüten, das feine Perlhuhn, das Lamm im Glas, die rohen, gehobelten Steinpilze, das Hirsch-Tartar, die Teigtaschen mit Montasio, das Essig- oder Holunderblüten-Sorbetto oder das Kalbfleisch mit Osvaldo-Schinken umwickelt. Eigentlich müsste ich die gesamte Speisekarte aufzählen.

Was uns besonders freut: Die nächste Generation ist gesichert. So ist das Haus mit dem entzückenden Wirbelwind Marta sowie dem kleinen Mattia von Tanja und Alessandro noch um einiges lebendiger geworden.

Al Cacciatore de La Subida
Via Subida 52
34071 Cormòns
Tel. (+39 0481) 605 31
www.lasubida.it

Die »Grätchenfrage«

Baccalà? Schön, habe ich probiert. Danke – und jetzt weg damit. Nicht so im Giardinetto. Der Bär und ich haben das Stockfisch-Mousse gar nicht bestellt, trotzdem haben wir es plötzlich vor uns auf dem Teller. Was für ein Glück! Blitzeweiß, herrlich cremig, mit feinsten Fisch-Aromen, einer tollen Struktur und wunderbar

harmonisch im Geschmack. Aha, so geht das. Stirnrunzeln auf beiden Seiten des Tisches. Baccalà haben wir ganz anders in Erinnerung und wir stellten uns stets die »Grätchenfrage«: Was nur finden die Italiener an diesem Fischstampf? Nach dem Besuch im Giardinetto wissen wir es. Das Restaurant im Herzen der Weinhochburg Cormòns ist übrigens seit Langem für seine grandiose Fischküche bekannt, und der *Baccalà mantecato* zeigt sich da nur als ein winzig-kleines Detail.

Ein paar Stufen muss man hochgehen, dann steht man im entzückenden Gastgarten. Das Haus wird sehr persönlich geführt, im Winter brennt das Feuer im Fogolar. Das Giardinetto begeistert zudem Einheimische und auswärtige Gäste gleichermaßen.

Anfang des 20. Jahrhunderts haben Maria und Ezio Zoppolatti dieses Ristorante eröffnet. Ihre drei Söhne führen es mit geschickter Hand weiter. Paolo Zoppolatti ist Küchenchef, Bruder Giovanni Patissier und Giorgio

kümmert sich als Sommelier um den Wein und die Gäste. Was der Weinkenner in die Gläser füllt? Das gesamte Friaul in seiner Extraktfülle und Jahrgangstiefe.

Das Menü wird mit und ohne Speisekarte besprochen. Die Gerichte sind von herausragender Qualität, liebevollst zubereitet. Wie ein Schiff segelt einer der besten Brotkörbe des Friauls auf den Tisch. Acht Sorten Brot, ofenwarm, von Olivenbrot, Tomatenbrot bis hin zu verschiedensten Panini, Knusperblättern, Stangerln usw. Brot-Preziosen vom Feinsten. Paolo Zoppolatti grüßt aus der Küche mit einem fantastischen Sülzchen »tonnato«. Danach lockt ein Kostprobenteller mit Zutaten von den Bergen bis zum Meer, etwa kleine Sardinen, Frico mit Kartoffeln, knusprige Frico-Nester, gekochte Wurst, Speck, gebratener Lardo, rohe Scampi und Sepie, frittierte Petersilwurzeln. Die Krönung des Abends: ein köstlicher Branzino mit gebratenem Radicchio. Dieser Fisch wird mit seiner Zartheit und Qualität ewig in Erinnerung bleiben. Und, natürlich, ich schwöre, der Baccalà!

Giardinetto
Via G. Matteotti 54
34071 Cormòns
Tel. (+39 0481) 602 57

Frico croccante

Knusprige Käsenester

Die knusprigen Käsenester stammen ursprünglich aus der Carnia.
Man kann sie heiß servieren oder auch kalt knabbern.

Zutate:
• **350 g Montasio-Käse, gereift, würzig**
• **Olivenöl**

Zubereitung:

Eine schwere Pfanne mit ein wenig Olivenöl erhitzen. Den fein geriebenen Käse in kleinen Portionen in die Pfanne geben, bis er schmilzt. Die dünnen Fladen knusprig ausbacken. Auf Küchenpapier kurz abtropfen lassen und in die typische »Nester«-Form bringen, indem man die Fladen über kleine Gläser stülpt.

Antica Osteria all'Unione

Diese alteingesessene Traditionsosteria ist eine zuverlässige Adresse für typische, friaulische Küche. Den Empfehlungen der Wirtsleute kann man getrost Folge leisten. Antipasti wie Baccalà und Frico, dann hausgemachte Pasta, Rind, Lamm und im Herbst Wild. Gute Auswahl an Weinen.

 Via Zorutti 14
   34071 Cormòns
   Tel. (+39 0481) 609 22

Enoteca di Cormòns

Es gibt kaum einen Tropfen im Collio, den man hier nicht verkosten kann. Zum **Wein** kleine, feine Häppchen. Die Prosciutto-Maschine ist immer am Laufen. In der warmen Jahreszeit sitzt man gemütlich auf der Piazza. Gleich neben dem Rathaus.

 Piazza XXIV Maggio 21
   34071 Cormòns
   Tel. (+39 0481) 63 03 71
   www.enoteca-cormons.it

Aceto Sirk

Der bekannte Gastronom Josko Sirk ist mit seinem Restaurant »Al Cacciatore de La Subida« in Cormòns längst eine Legende. Sein Essig, den er aus Ribolla Gialla-Trauben keltert, ist ebenso legendär. **Weinessig** von höchster Qualität, sehr facettenreich, mit perfekter Harmonie und Struktur.

 Via Subida 54
   34071 Cormòns
   Tel. (+39 0481) 605 31
   www.acetosirk.it

Chiarosa

In der Bäckerei »Chiarosa« von Fausto Bonelli gibt es jeden Tag frisches **Brot und Gebäck.** Und auf Naschkatzen warten die besten **Kekse** der Region. Sie heißen »Claps«, Friulanisch für »Steine«, und schmecken einfach herrlich!

 Via Gorizia 7
   34071 Cormòns
   Tel. (+39 0481) 63 06 64
   www.chiarosa.it

Alimentari Tomadin

Feinkostladen gleich neben dem Postamt. Hier gibt es die besten **Spezialitäten** der Region zu kaufen: Öl, Wein, Käse, Destillate, Wurst, Prosciutto, Eingelegtes usw.

 **Via Cumano 5**
   34071 Cormòns
   Tel. (+39 0481) 617 81

D'Osvaldo

Schwein, so fein. Das Mikroklima des Collios und die Brise vom Monte Quarin lassen den **Prosciutto crudo** so außergewöhnlich reifen. Der Schinken der Familie D'Osvaldo besticht durch seinen milden Geschmack, denn er wird nur leicht gesalzen. Geräuchert wird er über Kirschholz und mit verschiedensten Kräutern. Der D'Osvaldo-Schinken reift bis zu zwei Jahren und man schneidet ihn von Hand. Auch Speck und Pancetta vom Allerfeinsten. *(Foto links)*

🔪 **Via Dante Alighieri 40**
   34071 Cormòns
   Tel. (+39 0481) 616 44
   www.dosvaldo.it

Panificio Simonit

Kurioser Laden wie anno dazumal, mit alter Küchenwaage, Bonbons im Glas. Bekannt für das **Brot** aus dem Holzofen wie Olivenbrot, Feigenbrot. Auch Krapfen, Gugelhupf, Süßigkeiten, Kaffee, Liköre usw. Liebenswerte Besitzer.

🔪 **Via Matteotti 88**
   34071 Cormòns
   Tel. (+39 0481) 602 16

Azienda Agricola Zoff

In Borgnano bei Cormòns, am Fuße des Hügels Medea, züchtet Familie Zoff Rinder und stellt daraus **Käse, Ricotta, Joghurt** usw. her. Tipp: der »Caciotta« mit Kräuterrinde (Rosmarin, Basilikum, Brennnessel, Thymian, Holunderblüten, Salbei, Thymian, Ringelblume etc.). Käseverkostungen, fünf Gästezimmer.

🔪 **Via Parini 18**
   34071 Borgnano Cormòns
   Tel. (+39 0481) 672 04
   www.borgdaocjs.it

Schlossherr auf Zeit

Stimmung! Gleich nach dem Ort Dolegna, direkt über den sattgrünen Weinbergen, tauchen zwei herrschaftliche Türme auf. Das »Castello di Trussio«, mitten im Collio unweit der slowenischen Grenze, ist nicht zu übersehen. In einem Schloss einzukehren wie hier, 12 Kilometer nördlich von Cormòns, verspricht immer ein besonderes Ambiente: die geschwärzten Deckenbalken, die großen, runden Tische, die edle, gestärkte Tischwäsche, das Geschirr aus Omas Porzellanfundus sprechen für sich. Und erst der Gastgarten. Malerisch im Hof zwischen den Türmen gelegen, wo man unter dem riesigen Sonnensegel Platz nehmen kann.

Gastgeber Giorgio Tuti versteht viel von Gastfreundschaft und von Wein. Sein Weinkeller ist deshalb eine Klasse für sich. Als Küchenchefin fungiert Giorgios Schwester Anna. Sie kocht ohne modische Gags, mit besten Zutaten, und sie hat sich etwas bewahrt, was in der Region seinesgleichen sucht: einen wunderbaren Urgeschmack. Die Gerichte schmecken einfach gut. Da muss nichts schäumen, pulverisiert sein oder rauchen. Da wird etwa eine herrlich cremige, vorzüglich abgeschmeckte Thunfischcreme in gegrillte Paprika gefüllt,

dazu ein paar marinierte Spargelspitzen – fertig. Anna Tuti grüßt aus ihrer Michelin-besternten Küche mit einem cremigen Stockfisch-Mousse, gesalzener Butter und Brot sowie mit einem grünen Süppchen aus Frühlingskräutern, Leimkraut und Rollgerste. Immer wenn ich »Orzotto« auf einer Speisekarte lese, muss ich zuschlagen. Also noch einmal Rollgerste, sämig wie ein Risotto. Zuvor jedoch mundet ein Carpaccio mit Sardellen-Olio und Peperoncini. Als Hauptspeise begeistert die Ente mit schwarzen Trüffeln und getrüffelter Polenta.

Während Schokoladekuchen, -mousse und -eis als Dessert auf der Zunge zergehen, sorgen die marinierten Erdbeeren für einen verstohlenen Blick zum Himmel. Viel besser könnt ihr es da oben auch nicht haben.

All'Aquila d'Oro
Loc. Trussio Ruttars 13
34070 Dolegna del Collio
Tel. (+39 0481) 612 55

Castello di Trussio in Dolegna

Ich Geistesmensch

Als belesener Geistesmensch gebe ich vor dem Bären wieder tüchtig an. Diesmal mit einer Sonderausgabe der Duineser Elegien in den Händen, in feinstes Leinen gebunden. »Rainer Maria Rilke,« beschwöre ich den Bären. »Wir werden dort wandeln, wo wahre Literaturgeschichte geschrieben wurde.« Nämlich auf dem Rilke-Weg von Duino nach Sistiana, dem 2,5 Kilometer langen idyllischen Wanderweg entlang der Steilküste mit atemberaubenden Ausblicken auf das Castello und den Golf von Triest. Ich sage nur: tiefblaues Meer, weiße Schiffchen, bizarre Felsen. Hier also hat der bekannte Schriftsteller zehn seiner wunderbaren Elegien verfasst.

Übrigens, auch die Bucht von Duino, die rund 14 Kilometer vor Triest liegt, ist ein Gedicht. Nicht nur wegen Rilke. Sondern wegen des »Cavalluccio« im Hafen. Alles was in diesem Ristorante bei Marino Rossa auf dem Teller landet, versetzt einen im Handumdrehen in Urlaubsstimmung: Scampi, Heuschreckenkrebse, Goldbrassen, Calamari, Muscheln. Gebraten, gratiniert, *alla busara*. Großartig: Ravioli gefüllt mit Branzino oder Spaghetti Vongole. Auch der Rest der Speisekarte ist klassisch, gut und normalpreisig.

Ich stoße mit dem Bären und einem kühlen Glas Ramandolo auf die gratinierten Beeren mit Zabaione an, da fällt mein Blick auf meine Sonderausgabe. Schon muss ich wieder den Bären beeindrucken und zitiere mit inbrünstiger Stimme einen Satz aus Rilkes erster Elegie: »Werrrrrr, wenn ich schrrrrrrriee, hörte mich dennnnnn aus der Engel Ordnungen?« Spätestens dann prusten der Bär und ich laut los. Denn ehrlich: An so einem wunderbaren Ort elegisch werden? Geht gar nicht. Geht überhaupt nicht. Das habe ich bei Rilke noch nie verstanden. Aber als Germanistin werde ich einen Teufel tun, das zuzugeben.

Bucht von Duino

Al Cavalluccio
Duino Porto 61d
34013 Duino-Aurisina
Tel. (+39 040) 20 81 33
www.alcavalluccio.it

Postkarte in echt

In manche Restaurants kommt man nicht, um alleine zu sein. So treffen wir hier im »Alla Dama Bianca« im bezaubernden Hafen von Duino immer wieder Bekannte. Und trotzdem ist dies genau der Ort, an dem man einem Mann ein romantisches Liebesgeständnis entlocken könnte. Weil: ein Sonnenuntergang wie auf einer Postkarte. Nur in echt. Der Tisch steht gerade mal einen

Meter vom Meer entfernt, Schwäne ziehen vorbei und das Tiramisu, spiegelglatt im Teller versunken, wird eins mit dem Horizont des Meeres.

Apropos Meer – was auch immer sich in der Adria tummelt, serviert Dario Varisco mit großer Hingabe seinen Gästen: Oktopus, Jakobsmuschen, Canestrelle. Zuerst jedoch die »Sarde in savor«, ein Krabbensalat und gemischte Meeresfrüchte. Das Risotto super-al dente, knackig und bissfest, das liebe ich. Wir entdecken auf der Karte auch Fischsuppe und Jota. Letztere mit Kraut, Kartoffeln und Bohnen. Die Einflüsse der Triestiner Küche und der istrischen Küche sind unübersehbar und unüberschmeckbar. Mediterrane Karstküche? Würde doch hervorragend passen. Mit Hauptgängen wie Fisch in allen Spielarten, Bohnen aus dem Karst usw. Dann ein saftiger Apfelstrudel als süßer Abschluss sowie ein Gläschen Picolit. Auch die mit 300 Etiketten bestückte Weinkarte

macht Freude. Mit den besten Flaschen aus dem Karst, Friaul, aus Istrien und noch weiter über die Landesgrenzen hinaus.

Übernachten kann man im »Alla Dama Bianca« ebenso. In den Gästezimmern im ersten Stock. Sieben sind es an der Zahl, alle mit einem grandiosen Blick auf das Meer. Die morgendliche Ruhe, das glitzernde Wasser – ein Traum. Oder man schläft in der Villa Gruber, die zum Unternehmen gehört. Eine entzückende Pension, vollgestopft mit Antiquitäten und Büchern, nur zwei Häuser weiter. Dazwischen befindet sich übrigens das Restaurant »Cavalluccio«.

Ach ja, und das romantische Liebesgeständnis? Da müssen Sie den Bären schon selber fragen.

Alla Dama Bianca
Duino Porto 61c
34013 Duino-Aurisina
Tel. (+39 040) 20 81 37
www.alladamabianca.com

Al Pescaturismo

Holzhaus mit schöner Glasfassade direkt am Meer. Einfache Fisch- und Pastagerichte, supergünstig. Wo gibt es sonst einen Teller Muscheln um 7 Euro?

🦐 **Villaggio del Pescatore 83**
Zona Cava
34013 Duino-Aurisina
Tel. (+39 040) 20 98 46
www.alpescaturismo.it

Gaudemus

Gourmetküche von Claudio Lauritano, 20 Kilometer von Triest entfernt. Sehr schönes, elegantes Ambiente, stimmungsvoller Gastgarten. Dazu kreativ-mediterrane Küche. Eigenes Hotel mit neun Zimmern. *(Foto unten)*

🦐 **Via Sistiana 57**
34011 Duino-Aurisina
Tel. (+39 040) 29 92 55
www.gaudemus.com 🛏

Famiglia Skerk

Der Lorbeerbuschen ist frisch. Also nichts wie hin. Denn er zeigt den Weg zur offenen Osmizza. Eine Osmizza ist eine Art Buschenschenke im Karst. Man erkennt sie von außen an einem Blätterstrauß, einem »Buschen« *(Frasca)*. Eine der bekanntesten Schenken ist jene der Familie Skerk auf der Karst-Hochebene, die zum Meer abfällt. Mit Blick auf das Schloss Duino. Herrliche Weine wie Vitovska, Malvasia, Terrano, Sauvignon stammen aus dem eigenen Anbau, als Jause gibt es Prosciutto, Salami, Ossocollo, Käse, Brot aus dem Holzofen.

🦐 **Prepotto 20**
34011 Duino-Aurisina
Tel. (+39 040) 20 01 56, www.skerk.com
Geöffnet je drei Wochen ab Ostern und
im September/Oktober.

Enoteca Sgonico

Ausgezeichnete Fisch-Adresse im Karst, 13 Kilometer von Triest entfernt. Hier wird groß aufgekocht: Branzino-Carpaccio, Scampi, Gamberi. Muscheln in vielen Varianten und natürlich fangfrischer Fisch mit allen Raffinessen.

🦐 **Via Sgonico 15**
34010 Sgonico
Tel. (+39 040) 22 96 623

Azienda Agricola Dario Zidaric

Der abenteuerlichste Käse Friaul-Julisch Venetiens? Das ist unumstritten der **Höhlenkäse** »Jamar« von Dario Zidaric. Ein Mal im Monat bringt Zidaric seine Käselaibe höchstpersönlich in eine 70 Meter tiefe Karstgrotte. Dort reifen die Laibe vier Monate lang. Der Geschmack: unverkennbar, würzig, intensiv.

- **Loc. Prepotto 10A,**
  34011 Duino Aurisina
  Tel. (+39 040) 20 22 78

Agriturismo Radovic Nevo

Agriturismo-Betrieb der Familie Radovic im Karst. Mit Gästezimmern, eigenen Weinen und dem frischen **Olivenöl** extra vergine.

- **Aurisina 138/A**
  34011 Duino-Aurisina
  Tel. (+39 040) 20 01 73
  www.agriturismiradovic.com

Azienda Agricola Kmetija Antonic

Der Bauernhof mit Hofladen liegt zwischen den Schlössern Miramare und Duino im Dorf Ceroglie. Was es dort gibt? **Pecorino** aus Schafsmilch, Ricotta aus Kuhmilch, Salami aus Schafsfleisch, Karst-Prosciutto, Ossocollo. Auch Wein wie Vitovska und Terrano sowie Schafswolle.

- **Località Ceroglie 44**
  34019 Duino-Aurisina
  Tel. (+39 040) 29 97 98
  www.kmetijaantonic.it

Märchenhaftes Castello di Duino

Cittavecchia

Kleine Qualitätsbrauerei in Sgonico bei Triest. Unfiltrierte, nicht pasteurisierte **Biersorten** wie Weizen, Stout »Karnera«, Strong Ale »Formidable«. Das kühle Blonde heißt »Chiara«.

- **Stazione di Prosecco 29/E**
  34010 Sgonico
  Tel. (+39 040) 25 10 60
  www.cittavecchia.com

Wie das Leben so spielt

Das Leben meint es derzeit wirklich gut mit mir. Der ältere Bären-Bube wischt meine Bussis nur noch heimlich ab, der kleinere Bären-Bube lässt mich manchmal in der Nacht drei Stunden am Stück schlafen und der Bär düst mit mir wieder ins Friaul. Diesmal machen wir zwischen San Daniele und Udine bei der Osteria »Ai Turians« Halt. Dort, wo sich die Weinkartons und -kisten fast über den Schanktresen stapeln, dort wo ein Brunnen als Flaschenkühler dient, dort wo ich nie rausgehe, ohne ein, zwei Päckchen der hauseigenen Pasta mitzunehmen. Was liegen sie denn auch immer so appetitlich herum?

Der erste Eindruck ist angenehm-behaglich, schlichte dunkle Holzmöbel, rustikale Wände in Terrakotta-Farbe. Dann geht es los. Mit zartem Prosciutto, natürlich von Hand geschnitten, weißem Spargel aus der Nachbarschaft, aus Tavagnacco, Risotto mit ebendiesem, Pasta und Suppe mit Spargel würde es natürlich auch geben, mit Leimkraut auch, schließlich ist es Frühling, aber der Gusto auf frittierte Zucchini-Blüten, Tartar vom Angus-Rind sowie Mascarpone-Creme mit Früchten siegt heute, und vom Käse muss auch noch probiert werden.

Zu Hause angekommen stelle ich mich auf die Waage, erblicke die Kiloanzahl und beginne sogleich zu jammern: darüber, wie gemein das Leben doch zu mir ist.

Ai Turians
Via Bevilacqua 99
33034 Villalta di Fagagna
Tel. (+39 0432) 81 00 59
www.osteriaiturians.it

Blick auf Fagagna, dahinter die Karnischen Alpen

Castello di Fagagna   *Ristorante San Michele: Das perfekte Trüffel-Ei*

San Michele

Stimmungsvolles Restaurant in einem alten Steinhaus auf dem Schlossberg von Fagagna. Herrliche Aussicht auf das Castello und die Landschaft. Ausgezeichnete, zeitgemäße Küche von Giuseppe Fornaca.

Via Castello di Fagagna 33
33034 Fagagna
Tel. (+39 0432) 81 04 66

Al Castello

Beste friaulische Küche der Brüder Negrini. Grandiose Käseauswahl, gut sortierte Weinkarte. Elegantes Wohlfühl-Ambiente, authentische Gastfreundschaft.

Via Bartolomeo 18
33034 Fagagna
Tel. (+39 0432) 80 01 85
www.ristorantealcastello.com

Al Bacar

Geschmackvolles Ristorante mit kreativen Gerichten und trotzdem *cucina friulana.*

Via Umberto I 29
33034 Fagagna
Tel. (+39 0432) 81 10 36
www.ristorantealbacar.com

Azienda Apistica Pittonet

Ein Vorzeige-Imkerbetrieb, 6 Kilometer südöstlich von Fagagna. 200 Bienenstöcke liefern unterschiedlichste **Honigsorten** wie zum Beispiel Akazien-, Frühlingsblüten-, Kastanienhonig sowie den außergewöhnlichen Scheinindigo-Honig.

Via Udine 179
33035 Martignacco
Tel. (+39 0432) 67 74 13
www.miele.fvg.it

Macelleria Mario Lizzi

Mario Lizzi ist einer der engagiertesten Metzger der Region. Seine **Fleischwaren** und sein »Pestat di Fagagna« sind weithin bekannt.

Via Umberto I 29
33034 Fagagna
Tel. (+39 0432) 80 03 76

Distillerie Buiese

Grappa aus autochthonen Rebsorten wie Ramandolo oder Picolit. Auch holzfassgereifte Varianten, Schnäpse und Liköre.

Via Spilimbergo 182
33035 Martignacco
Tel. (+39 0432) 67 71 55
www.buiese.it

Latteria Borgo Paludo

Unterschiedliche regionaltypische **Käsesorten.** Auch Ricotta, Mozzarella.

Via San Daniele 4
33034 Fagana
Tel. (+39 0432) 80 02 15
www.latteriadifagagna.it

Latteria Borgo Centro

Frischer oder geräucherter Ricotta, der bekannte **Fagagna-Käse,** Caciotta, Mozzarella etc.

Via A. Tonutti 26
33034 Fagagna
Tel. (+39 0432) 80 14 63
www.latteriaborgocentro.it

Casale Cjanor

Bemerkenswerter Agriturismo-Betrieb der Familie Missana mit angeschlossenem Restaurant. Selbst hergestellte Produkte wie das »**Pestat di Fagagna**« (ein Slow-Food-Presidio-Produkt), eine weiche, mit Gemüse und Kräutern fein gewürzte Wurstspezialität aus Speck. Oder eingelegtes Gemüse, von Spargel bis Melanzani, Aufstriche für Crostini, Sughi, Gänse-Produkte, Gelees und Chutneys für Käse und die superfruchtigen Marmeladen von Kaki über Feigen bis Holunder.

Via Casali Lini 9
33034 Fagagna
Tel. (+39 0432) 80 03 76
www.casalecjanor.com

Genuss-Philosophie

Auf der Fahrt von Gorizia in Richtung Gradisca d'Isonzo philosophieren der Bär und ich: Wer nimmt sich heutzutage noch Zeit zum Innehalten, zum Durchatmen, zum Genießen? Wer schätzt Werte wie Echtheit, Natürlichkeit, Bodenständigkeit und Regionalität? Wer begreift eigentlich, dass in der »Tradition« genau jenes zeitgemäße Wissen steckt, das eigentlich zukunftsweisend ist?

Das »Borgo Colmello« in Farra d'Isonzo gibt Antworten auf diese Fragen. Ruhig gelegen, 9 Kilometer südwestlich von Gorizia, umrahmt von Weingärten und Wiesen, leuchtet der lang gezogene rostrote Gebäudekomplex in der Sonne. Früher eine reine Landwirtschaft, wird hier nach bester Slow-Food-Manier ein Restaurant mit Enoteca, eine kleine Pension mit gemütlichen Gästezimmern und ein Bauernmuseum betrieben.

In der Osteria herrscht eine unkomplizierte, familiäre Stimmung. Das erste *bicchiere* Spumante trinken wir gleich am dunklen Schanktresen. Die Weinkarte ist üppig bestückt, kein Wunder, wachsen die prachtvollen Reben nicht weit von hier entfernt. Zu meiner Freude entdecke ich auf den Tischen die grandiosen Keramik-Figuren »Tiare« von der Künstlerin Stefania Zurchi aus Cividale, die ich sammle. Wie atmet der Bär auf, als er hört, dass diese hier nicht zum Verkauf stünden.

Aber nun zur Küche: Hier wird mit Engagement, Sorgfalt und Gespür das gekocht, was auch wunderbar zusammenpasst. »Toç in braide« (ein regionstypisches cremiges Polentagericht) zum Beispiel. Oder die hausgemachten Cjarsons und Gnocchi. Das Orzotto mit Speck. Unbedingt probieren sollten Sie die *Crespelle*. Womit diese gefüllt sind? Mit dem, was gerade Saison hat: Artischocken, Sclopit, Kürbis, Pilze. In der Spargelzeit isst man die köstlichen Gemüsestangen als Suppe, als *Tortino*, als Vor-, Zu- oder Hauptspeise. Fleischtiger aufgepasst: Danach stehen Kutteln, Kalbsstelzen, Braten oder eine Tagliata vom Rind auf der Karte. Das Beste kommt jedoch zum Schluss: Palatschinken. Superflaumig, zart gerollter Genuss mit köstlichem süßen Innenleben: Marmelade, frischen Früchten oder Nüssen.

Und irgendwann, nach zwei Stunden, bekommen wir eine leise Ahnung. »Wir«, nicken wir unisono, »wir nehmen uns die Zeit zum Innehalten und Genießen.« Und Sie, ja Sie! Sonst würden Sie dieses Buch ja gar nicht lesen.

Borgo Colmello
Strada della Grotta 8
34072 Farra d'Isonzo
Tel. (+39 0481) 88 90 13
www.borgocolmello.it

Charme und Flair

Es klappert die Mühle am rauschenden Bach ... Nein, keine Sorge, hier klappert gar nichts. Und Kinderlieder singen wir heute auch nicht. Die Location ist schließlich ein gediegenes Vier-Sterne-Hotel. Familie Balestrieri hat die alte – »letzte« – Mühle aus dem 17. Jahrhundert Stein für Stein restaurieren lassen und somit ein einzigartiges Refugium geschaffen. Erhalten geblieben sind die ursprünglichen drei großen Räder der Wassermühle, ein schöner Teil des Innenlebens, die alten Balken. Man sitzt im herrschaftlichen Kaminsaal oder, wenn es die Temperaturen zulassen, im idyllischen Gastgarten, der am Wasser liegt. Die Küche lässt keine Wünsche offen, serviert Fleisch- und Fischgerichte gleichermaßen.

Besonders knusprig: die Frico-Nester. Die Grissini sind handgerollt, die rohen Scampi ein Gedicht. Fein und weich landen die Gnocchetti mit Kürbis und geräuchertem Ricotta auf dem Tisch zart und mit viel Geschmack das Kalb in Kräuterkruste. Das Sezenario? Grillen zirpen, Wasser plätschert, Kerzenlicht flackert. Mit einem Wort: romantisch! Davon könnte ich sehr wohl ein Lied singen.

L'Ultimo Mulino
Via Molino 45
33080 Fiume Veneto
Tel. (+39 0434) 95 79 11
www.lultimomulino.com

....

Macelleria Vicenzutto

Hochwertige **Wurst- und Fleischwaren** in unzähligen Varianten – Speck, Rohschinken, Salami, Soppressa, Ossocollo.

Viale della Repubblica 48
33080 Fiume Veneto
Tel. (+39 0434) 95 92 58
www.vicenzutto.it

Sehnsuchtsort im Nirgendwo

Sommer und alles, wie es sein soll. Nein, noch besser. Ruhe, Frieden und dieses idyllisch gelegene Mühlen-Restaurant im Nirgendwo, 6 Kilometer von Codroipo und der bekannten Villa Manin entfernt. Wasserkanäle durchziehen die Landschaft, die imposanten Wasserräder zeugen von der Vergangenheit als Mühle. 1985 hat Familie Del Negro dieses Refugium für Gäste geöffnet. Bis heute führen Elda und Gina das Restaurant, zusammen mit Ginos Bruder Renato sowie den Töchtern Romina und Moira.

Die meisten Produkte der Küche haben keine langen Wege hinter sich. Als Einstieg locken klassische friulanische Köstlichkeiten wie Prosciutto di San Daniele, Speck aus Sauris, Gänse- und Entenspezialitäten von Jolanda de Colò. Es folgt die cremigste Polenta, die wir je gegessen haben, Pappardelle alla bolognese sowie mit Montasio gefüllte Teigtaschen. Was uns sonst noch auf der Speisekarte anlacht? Risotto mit Kürbis und als Hauptgerichte Entenbrüstchen, Hirschgulasch, mit Kastanien gefüllte Gans, Rindsbraten mit Pilzen usw. Als Nachtisch machen das Tiramisu sowie das *Semifreddo al cioccolato* große Freude.

Erwähnenswert sind die wunderschöne Tischkultur sowie die herzliche Atmosphäre. Und diese ist so entspannt, wie wir sie nur selten erlebt haben.

Al Molino
Località Molino n. 4
33030 Glaunicco di Camino al Tagliamento
Tel. (+39 0432) 91 93 57
www.almolino.com

Im Namen der Rose

Der Tag in der Grenzstadt Gorizia beginnt nicht gerade gut. Irgendeine Veranstaltung muss am Vortag stattgefunden haben, überall lange, müde Gesichter, die Stadt nicht unbedingt im saubersten Zustand. Dann springt mir mitten im Zentrum plötzlich eine Kontaktlinse aus dem Auge. Irgendwo zwischen den Pflastersteinen liegt sie vermutlich immer noch. Mit halber Sicht durch schmutzige Gassen zu laufen, macht automatisch missmutig. Und hungrig bin ich außerdem. Also noch missmutiger.

Chiesa Sant'Ignazio,
Restaurant Rosenbar

Da kann der Bär nur eines machen: Das halbblinde Huhn am Flügerl nehmen und es wie auf rohen Eiern in das nächste gute Restaurant führen. So findet die Versöhnung mit Gorizia im Restaurant »Rosenbar« statt. Dort, wo Michela Fabbro, Gastgeberin und Küchenchefin, jeden Tag einen neuen Speiseplan zusammenstellt. Welch beeindruckendes Defilee der besten regionalen Slow-Food-Produkte! Unglaublich, auf wie viele Arten Signora Fabbro allein die »Rosa di Gorizia«, diese spezielle Radicchiosorte, zubereitet. So wird das zartrosa bis tiefrote Gemüse mal mit Bohnen serviert, mal mit Salzkartoffeln, mal mit Calamari und Polenta oder mit gebratenem Speck. Übrigens: die »Rose von Gorizia« hat nichts mit dem Namen »Rosenbar« zu tun. Der stammt von einem ehemaligen Rosengarten.

Wer im Frühling zu Gast ist, freut sich über Leimkraut, Spargel und Erbsen, denn Signora Fabbro liebt frisches Gemüse und Kräuter. Dazu gibt es Fisch wie Wolfsbarsch oder Brasse – roh oder gegrillt, frische Pasta, Käse, aber auch Fleisch. Top: die Bohnensuppe mit Pestat und Olivenöl aus dem Karst. Die Zwetschkenknödel erinnern an die Zeit, als Gorizia noch k. u. k.-österreichisch war. Und als Ehemann Piero Loviscek dann auch noch die besten Tropfen aus Friaul und Slowenien aufwartet, können wir diesem eindrucksvollen Restaurant einfach nur mehr Rosen streuen.

Rosenbar
Via Duca d'Aosta 96
34170 Gorizia
Tel. (+39 0481) 52 27 00
www.rosenbar.it

Alla Luna

Historische Trattoria der Familie Pintar, mit italienisch-slawisch-altösterreichischer Küche: Frico, Jota, Blecs, Zwetschkenknödel, Gulasch. Süßes: Gibanica oder Strudel.

🐟 **Via Oberdan 13**
   34170 Gorizia
   Tel. (+39 0481) 53 03 74

Vecia Gorizia

Gemütliche Trattoria in einer ruhigen Gasse. Schinken im Brotmantel mit Kren, Nudeln mit Leimkraut-Pesto, Jota, Kutteln, Frico, Kalbsleber, Palatschinken.

🐟 **Via San Giovanni 14**
   34170 Gorizia
   Tel. (+39 0481) 324 24

Altstadt, Piazza della Vittoria

Pescheria Da Michele

Täglich eine schöne Auswahl an frischem **Fisch und Meeresgetier** aus der Lagune.

🐟 **Via Boccaccio 4**
   34170 Gorizia
   Tel. (+39 0481) 53 00 18

Pasticceria Cidin

Die beste **Gubana** von Gorizia. Aus Blätterteig, nicht aus Germteig, wie meist üblich. Auch herrliche Torten, Biscotti, Petit Fours, Putizze und andere Köstlichkeiten – so weit die Vitrine reicht.

🐟 **Via Marconi 6**
   34170 Gorizia
   Tel. (+39 0481) 325 61
   www.pasticceriacidin.com

Francesco Brumat

Erst nachdem der Frost gekommen ist, wird die »Rosa di Gorizia« geerntet. Knackiger rosa bis roter **Radicchio.** Mild im Geschmack. Ein Gaumenschmaus!

🐟 **Località Piuma 56**
   34170 Gorizia
   Tel. (+39 0481) 332 42
   Weitere Produzenten unter www.rosadigorizia.com

Panificio Pasticceria Azzano

Im Westen von Görz, im Herzen von Lucinico. Bekannt für **süßes Gebäck** wie Gubana, Putizza, Gugelhupf nach Rezepten von der Oma. Gegründet 1928.

🐟 **Piazza San Giorgio 40**
   34070 Lucinico
   Tel. (+39 0481) 39 01 71, www.panificioazzano.it

Kulinarische Brückenbauer

Erst einmal die Fakten für die Pragmatiker unter uns: 12 Kilometer sind es in die Provinzhauptstadt Gorizia, 30 nach Udine. Wir befinden uns auf der rechten Seite des Flusses Isonzo, im kleinen Dorf Gradisca. Rundherum Park. Hier entstand aus einer einfachen Osteria von Ende des 19. Jahrhunderts das bekannte und geschätzte Ristorante »Al Ponte«. Ein Parade-Familienbetrieb mit Hotel, 38 Zimmern, 4 Suiten und einem Hubschrauberlandeplatz. Wir bleiben jedoch bei den kulinarischen Höhenflügen.

Großmutter Maria war es, die ihrem Enkel Luca den Kochlöffel und das Kommando in der Küche übergeben hat. Und dieser versteht es, verwurzelt in der Tradition, Gerichte zeitgemäß und modern zu interpretieren. Mit asiatischen Gewürzen zum Beispiel. Seine Küche basiert auf Fleisch, Fisch und Meeresfrüchten. Jedoch haben es uns hier ganz besonders die Desserts angetan: Apfelstrudel nach dem Rezept der Oma, ein süßer Schichtkuchen mit feiner Vanillecreme und eine lauwarme Mehlspeise mit Nüssen und Mandeln. Danach eine schöne Auswahl an friulanischen Käsesorten mit selbst gemachtem Senf. Im Weinkeller lagern an die 400 verschiedene Etiketten, vor allem aus dem Isonzogebiet und dem Collio. Unser Lieblingsplatz? Auf der hellen Veranda mit Kamin. Gemütlich. Freundlich. Elegant.

Al Ponte
Viale Trieste 124
34072 Gradisca d'Isonzo
Tel. (+39 0481) 992 13
www.albergoalponte.it

Alle Viole

Beliebte Trattoria südwestlich von Gorizia. Teil des Felluga-Imperiums. Typische friaulische Küche: Frico, Cjarsons, Brovada und Muset, Polenta und natürlich die besten Tropfen aus dem eigenen Weinkeller.

🐟 **Via Gorizia 44**
   34072 Gradisca d'Isonzo
   Tel. (+39 0481) 96 13 26
   www.marcofelluga.it

Zeugen der Vergangenheit in Gradisca d'Isonzo

Mulin Vecio

Einfache, weithin bekannte Osteria mit guter Küche. Feine Jause mit Schinken, Mortadella, Käse und eingelegtem Gemüse oder auch Gulasch, Kutteln, Pasta, Strudel usw.

🐟 **Via Gorizia 2**
   34072 Gradisca d'Isonzo
   Tel. (+39 0481) 997 83

Enoteca Regionale La Serenissima

Ausgezeichnete Vinothek in einem Palazzo aus dem 17. Jahrhundert mit einer reichen Auswahl an regionalen Weinen. Zum Verkosten und Mitnehmen.

🐟 **Via Battisti 30**
   34072 Gradisca d'Isonzo
   Tel. (+39 0481) 96 02 92
   www.enotecaregionalelaserenissimagradisca.it

Azienda Agricola La Ferula

Weißer und grüner **Spargel** von Ende März/Anfang April bis Ende Mai/Anfang Juni. Direktverkauf. Carlo Feruglio ist der größte Spargelbauer der Region. Auch Äpfel, Pfirsiche und anderes Obst und Gemüse.

🐟 **Via Martiri della Libertà 24**
   34079 Staranzano
   www.laferula.it

Traumgäste und Traumküche

Habe ich schon erwähnt, dass der Bär und ich eigentlich Traumgäste sind? Wir bestellen meistens das gleiche Menü, um die Küchencrew nicht mit Extrawürsteln zu nerven, stellen die Weinflasche in Reichweite, um selbst nachzuschenken und essen brav alles auf. Wegen des Wetters natürlich, nicht etwa weil wir so gefräßig sind. Solche Gäste waren wir im Restaurant »Da Toni« nicht ganz. Ich sag' »Gänseleber«, der Bär ruft »Kaninchen«, ich schlage »Gnocchi mit Kürbis« vor, der Bär will lieber das »Filet vom Kalb«. Also trennen sich heute unsere kulinarischen Wege.

Es ist herrlich gemütlich in der Trattoria »Da Toni« in dem kleinen, verschlafenen Dorf Gradiscutta bei Varmo. Hausherrin Lidia Morassutti begrüßt uns freundlich und winkt hinter dem Tresen, Padrone Aldo führt zum Tisch. In der Mitte des Gastzimmers steht der Fogolar. Über der Glut steht schon der Rost, davor warten verschiedene Öle, Gewürze und Kräuter auf ihren Einsatz.

In der warmen Jahreszeit sitzt man im wunderschönen Laubengang und im idyllischen Gastgarten unter den alten Birnbäumen. Sie sind über hundert Jahre alt und müssen teilweise gestützt werden. Auffällig die imposanten Bronze-Skulpturen von Giorgio Celiberti. In der Trattoria hängt so manches Bild des friaulischen Künstlers, modern, abstrakt und ein unglaublicher Kontrast zur traditionellen Noblesse des Restaurants.

Die Küche ist das Revier von Roberto Cozzarolo. Er kocht seit 1981 im »Da Toni« und versteht es, mit der Bodenhaftung der Gerichte umzugehen. So sind es die Kraft der Produkte, die alten Rezepte sowie das harmonische Arrangieren traditioneller Geschmacksrichtungen, was die Küche von Roberto ausmacht.

Die Antipasti kommen aus den köstlichsten Ecken Friaul-Julisch Venetiens, der Schwerpunkt der Hauptgerichte liegt auf Fleisch. Der perfekte Ausgleich dazu: feines Gemüse. Eine Besonderheit auf der Speisekarte sind die Forellen aus dem Varmo-Fluss.

Maître Sandro Giobbio ist gleich zur Stelle, führt souverän durch den Abend, außerdem versteht der sympathische Italiener viel von Wein. So kommen einige der besten Tropfen glasweise auf den Tisch. Weiß für den Bären, rot für mich.

Den Beginn macht die Gänseleber-Terrine mit feiner Quittenmarmelade, zartcremigen Prosciutto aus Sauris gibt es für den Bären. Bei mir geht es weiter mit den Tortelli, gefüllt mit Kaninchen. Der Bär freut sich über eine

Der Fogolar im „Da Toni"

süße Vorspeise: flaumige Zwetschkenknödel mit brauner Butter und geräuchertem Ricotta. Und weil der Bär nicht neidig ist, tauschen wir ein Tortello gegen ein Knöderl.

Bei der Hauptspeise zeigen wir einfach auf den Grill beim Fogolar. Padrone Aldo Morassutti bereitet die Lammkrone und die Rückenstücke vom Spanferkel perfekt zu, zurückhaltend gewürzt und mit frischem Olivenöl beträufelt. Den Abschluss macht ein Ingwer-Sorbetto mit kandierten Zitronen-Zesten. Eine großartige Kombination und ziemlich spicy. »Wenn nur die Orangen-Crosta-

ta auch noch Platz in meinem Bauch hätte«, seufze ich. »Aber wir kommen ja bestimmt wieder«, lautet des Bären Antwort. Zumindest da sind der Bär und ich uns ausnahmsweise wieder einmal einig.

Da Toni
Via Sentinis 1
33030 Gradiscutta di Varmo
Tel. (+39 0432) 77 80 03
www.datoni.net

Köstliche Rohheiten

Das passt so gar nicht zusammen: Grado und Geheimtipps. Also schmausen wir meist bei den üblichen Verdächtigen. Nein, halt, da war etwas. Da haben doch die Geschwister Daniela und Paolo Toso die ehemaligen Räume des »Da Nico« übernommen. Und wahrlich, die beiden bringen seit zwei Jahren frischen Schwung in die alteingesessene Gastro-Szene. So wurde Küchenchef Gunter Piccolruaz im Kulinarik-Guide »Gambero Rosso« die höchste Bewertung auf der Sonneninsel zuerkannt.

Das hat uns natürlich neugierig gemacht. Auf die Gradeser Fischküche hinter der quietschroten Fassade. Dort, wo das Auge ruhen kann, dank des zurückhaltenden, schlichten Interieurs ohne Fischernetz-Deko. Stimmungsvoll: die indirekte Beleuchtung. Auf der Speisekarte dreht sich alles um Fisch, Fisch und Fisch. Köstliche Rohheiten, marinierter Oktopus, Scampi und Gamberi stimmen auf den Abend ein. Was folgt? Ein Tartar aus Branzino sowie gratinierte Jakobsmuscheln. Auf der Karte entdecken wir auch Boreto, die traditionelle Geradeser Fischsuppe, Rigatoni mit Messermuscheln, Tintenfisch-Streifen auf Fenchelsalat sowie Ravioli, die mit Scampi, Ziegenkäse und Zucchini gefüllt sind. Als Hauptspeise gibt es den Fang den Tages: Doraden und andere Brassenarten. Das süße Finale – ein geeister Mokka.

Das mit den Geheimtipps in Grado habe ich ansonsten längst aufgegeben. Aber falls Sie welche kennen, bitte sofort melden!

Antica Trattoria Alla Fortuna
Via Marina 12
34073 Grado
Tel. (+39 0431) 85 343
www.allafortuna.it

Reif für die Insel

Wenn ein Profi-Gastrokritiker wie Heinz Grötschnig bei einer großen Grado-Story das Wort »Lieblingsosteria« schreibt, müssen wir natürlich sofort hin. Und weil wir liebe Freunde haben, die beschifft sind, reisen wir auch standesgemäß mit dem Boot auf die Laguneninsel Anfora. Dort liegt es nämlich, dieses Idyll, das gerade einmal so groß ist, dass die Trattoria mit seinen Nebengebäuden und den Gästezimmern darauf Platz findet. Na gut, wollen wir nicht übertreiben, ein paar Minuten spaziert man schon, um die Insel zu umrunden.

Gianmauro Tognon hat 1976 die Trattoria eröffnet. Zusammen mit seiner Schwester und seiner Frau. Jetzt wird dieses Kleinod von den Brüdern Piero und Cristiano geführt. Auf die Teller kommt, was früh am Morgen im eigenen Netz war. Den Rest bringen die Lagunenfischer. Steinbutt, Drachenkopf, Brassen, ja, sogar Aal *(Anguilla).* Uns stand der Gusto nach Boreto und Fisch vom Grill. Dazu haufenweise Krustengetier, ebenso vom Grill. Was die Stimmung auf der kleinen Insel

ausmacht? Man hat das Gefühl, Urlaub vom Urlaub zu machen, abgeschirmt von der Außenwelt. Alles leger, jeder trägt sommerliche Outfits. Aber Sie müssen sich tummeln: Von Oktober bis Ostern ist nämlich Pause. Vom Hafen in Grado fährt übrigens das Motorschiff »Cristina« regelmäßig zur Insel. Oder Sie schnappen sich eines der Taxiboote. Falls Sie keine Freunde mit Boot haben.

Ai Ciodi
Isola di Anfora
34073 Grado
Tel. (+39 338) 956 81 42
www.portobusoaiciodi.it

Alles frisch: Fisch und Meerestiere aus der Lagune. In der Trattoria L'Osteria.

Trattoria L'Osteria Grado

Klassische, vorzügliche Fischküche mit modernen Akzenten. Legeres Restaurant mit sympathischen Gastgebern. Gute Weinauswahl.

🐟 **Piazza Duca D'Aosta 16**
34073 Grado
Tel. (+39 0431) 805 80
www.trattorialosteriagrado.com

Agli Artisti

Eine unserer Lieblingsadressen in der Altstadt von Grado/ Fußgängerzone. In diesem grundsympathischen Familienbetrieb greifen wir immer auf Bewährtes zurück. Boreto, Wolfsbarsch in Salzkruste, Baccalà, aber auch Gnocchi mit Entenragout, Fritto misto usw. Pflicht sind die »Sarde in Savor«.

🐟 **Campiello Porta Grande 2**
34073 Grado
Tel. (+39 0431) 830 81
www.agliartistigrado.it

Mit Meerblick: Restaurant „La Dinette"

372° Trecentosettantaduesimogrado

Nahe der Markthalle findet man dieses moderne, stylishe Lokal. Feine Osteria mit schöner Weinkarte und einem herrlichen Fritto misto. Auch Sandwiches, Hamburger, rohe Fische.

🐟 **Piazza Duca d'Aosta 19**
34073 Grado
Tel. (+39 339) 24 34 339

Zero Miglia

Einfache Osteria der Cooperativa Pescatori, direkt am Kai gelegen. Mit einem Papierschiffchen als Speisekarte, und die Liste der Weinempfehlungen kommt in einer Flaschenpost daher. Gegessen wird, was die Lagunenfischer am Morgen im Netz hatten.

🐟 **Riva Enrico Dandolo 22**
34073 Grado
Tel. (+39 0431) 802 87
www.zeromiglia.it

La Dinette

Lage, Lage, Lage. Die besticht hier einfach. Man sitzt im »La Dinette« stilvoll unter der überdachten Veranda mit einem fantastischen Blick auf die Lagune von Grado. Der Ort: Nauthotel Resort an der Küste von Porto San Vito. Die Küche: Fisch in allen Variationen. Schöne Auswahl an friaulischen Weinen.

🐟 **Riva Giovanni da Verrazzano 1**
34073 Grado
Tel. (+39 0431) 851 00
www.portosanvito.it

Eine Lieblingsadresse: die Tavernetta all'Androna

Tavernetta all'Androna

Lange Zeit das am höchsten prämierte Restaurant der Stadt. Sehr elegant, romantisch in der Altstadt gelegen. Mit moderner Fisch-Gourmetküche. Die bekannten Gastrobrüder Allan und Attias Tarlao führen den Familienbetrieb in dritter Generation.

🦐 **Via Calle Porta Piccola 6**
   34073 Grado
   Tel. (+39 0431) 809 50
   www.androna.it

Santa Lucia

Der bekannte, leider verstorbene, Gastrojournalist Christoph Wagner hat oft geschrieben, dass es im Santa Lucia das beste Tiramisu gibt. Überhaupt, nicht nur von Grado. Ich stelle fest: Er hat so was von recht. Bodenständige Fischküche, großer Gastgarten.

🦐 **Campo Porta Nuova 1**
   34073 Grado
   Tel. (+39 0431) 856 39
   www.santaluciagrado.it

Alla Borsa

Lassen Sie sich von der Fassade nicht abschrecken. Sie verrät nicht, dass sich im Inneren diese schöne, traditionelle Trattoria verbirgt. Top Fischküche! Sarde in Savor, Meeresspinne *(Granceola)*, Muscheln, Oktopus-Carpaccio, Frischfisch von Steinbutt bis Seeteufel, auch Fleischgerichte.

🦐 **Via Conte di Grado 1**
34073 Grado
Tel. (+39 0431) 801 26
www.trattorialaborsa.com

Da Ovidio

Gestandener Familienbetrieb seit vier Generationen und eine sichere Adresse für gute Gradeser und friaulische Küche. Unweit des Domes.

🦐 **Via Marina 36**
34073 Grado
Tel. (+39 0431) 804 40
www.ristorantedaovidio.com

De Toni

Eine Bastion der Gradeser Küche. Massimo Gaddi führt diesen wunderbaren Familienbetrieb. Das Restaurant ist immer als erstes voll. Unser Tipp: Branzino-Carpaccio, Branzino in Salzkruste, gratinierte Capesante, Pasta mit Vongole usw.

🦐 **Piazza Duca d'Aosta 37**
34073 Grado
Tel. (+39 0431) 801 04
www.trattoriadetoni.it

Alla Buona Vite

Agriturismo-Betrieb mit vier Apartments, 7 Kilometer vor Grado. Seit drei Generationen in Besitz der Familie Girardi. Herrlicher Gastgarten, Spielplatz für die Kinder. Großartige Fischspezialiäten. Eigene Landwirtschaft, Weinkeller.

🦐 **Località Boscat, Via Dossi 15**
34073 Grado
Tel. (+39 0431) 880 90
www.girardi-boscat.it 🛏

Vini Pregiati

Schicke **Designer-Weinbar.** Zu jedem Gläschen gibt es köstliche Häppchen.

🦐 **Viale Europa Unita 58, 34073 Grado**
Tel. (+39 0431) 844 40

Spaghetti d'Italia

Schön sortierter **Feinkostladen** mit üppig bestückter Wurst- und Käsevitrine. Auch Pasta, Olivenöl, Gebäck, Biscotti usw. Herzige, ältere Inhaber. Man braucht deshalb ein bisschen Zeit fürs Einkaufen.

🦐 **Galleria Esplanade 5, 34073 Grado**
Tel. (+39 0431) 87 64 88

Distilleria Aquileia

Reinsortige **Grappas** von Sauvignon, Cabernet, Ribolla Gialla, Brunello, Muskat-Trauben. Auch im Eichenfass gelagert. Weiters Obstschäpse (Sliwowitz, Williams, Pfirsich) und Liköre. 8 Kilometer vor Grado.

🦐 **Via Giulia Augusta 87/A**
33051 Aquileia
Tel. (+39 0431) 910 91
www.distilleriaaquileia.com

Geschmackskünstler

Es war an einem Winterabend. Ich erwähne nur den halben Meter Neuschnee auf der Autobahn. So sicher durchs Kanaltal kommen? Unmöglich. Also stoppen wir in Malborghetto, stapfen im dichten Schneetreiben zu einer ehrwürdigen Villa und klopfen an. Tatsächlich öffnet jemand die Türe, staunt, lacht und heißt uns herzlich willkommen. Es ist Marina Gioitti, die an diesem total verschneiten Wintertag wohl mit allem gerechnet hat, nur nicht mit Gästen.

Um 1400 wurde die Casa Oberrichter erbaut, und sie wurde mal als Herrschaftswohnsitz und Rathaus verwendet, mal als Gericht, Gefängnis, ja sogar als Armenhaus. Bis Familie Nicolavcich und Gioitti dieses historische Gebäude für sich entdeckte. Sämtliche Räume wurden von eigener Hand liebevollst restauriert, denn es zog nicht irgendeine Familie ein, sondern eine Künstlerfamilie. Dementsprechend gibt es hier weit mehr als Kochkunst.

Die so jugendliche, sympathische Marina Gioitti führt uns durch ihre außergewöhnliche Kunsthandwerksstätte. Überall Farben, Pinsel, Rahmen, Tonformen, Masken, Puppen, Spiegel und Holzstücke. Wie in einer Werkstätte der Heinzelmännchen. Das Restaurant bietet der Künstlerin genügend Fläche für ihre persönliche Ausstellung. Drei einzigartige Gastzimmer zählt die Villa, dazu kommen Bar, Stube und Salon. Dort wärmen wir uns am Kamin auf, und während wir etwas Heißes zu trinken bekommen, bewundern wir Wandgemälde, Möbel, Bilder, Lampen und Figuren.

Auch auf den Tellern zeigt sich, dass diese Familie einen wunderbaren Ort der Genüsse und Künste geschaffen hat. Sohn Alessio ist ausgebildeter Sänger (Tenor) und kocht nach traditionellen Rezepten sowie den Einflüssen des Dreiländerecks. So ist die Grenze zu Österreich und Slowenien durchaus »schmeckbar«. Top: Wildgerichte, Schwammerlsuppe, hausgemachte Pasta. An jenem verschneiten Winterabend sitzen wir bei einer riesigen Portion Polenta mit Grammeln – ein fantastisches, gelbes Sterzgericht, wie es meine Oma in der Steiermark gemacht hat. Danach schmausen wir dicke Bandnudeln mit Kaninchenragout. Ab ins Bett! Glücklicherweise findet man wunderschöne Gästezimmer im Haus vor. Aber man muss nicht immer in Malborghetto eingeschneit sein, um eines davon zu beziehen – auch wenn es dann besonders romantisch ist …

Casa Oberrichter
Via Superiore 4
33010 Malborghetto-Valbruna
Tel. (+39 0428) 418 88
www.casaoberrichter.com

Kulinarische Zeitreise

In vollen Zügen genießen und so viele Genussmomente wie nur möglich erleben. Das bedeutet für uns das höchste Glück. Familie Domenig wird uns da wohl Recht geben. Seit 2005 führen Giuseppina Alsido und Ehemann Alfredo Domenig ein Haus, das voller Erinnerungen an die Zeit Napoleons und Hauptmann Hensel steckt.

Signora »Giusi« kocht nach historischen Rezepten typische Gerichte des Kanaltales, des Friauls. Eine karge Gegend? Wohl kaum, wenn man auf die Teller blickt. Suppe mit Bohnen und Rollgerste, zuvor regionale Wurstwaren von Speck bis Prosciutto und Käsespezialitäten. Klassische Fleischgerichte sind Gulasch mit Polenta, Schweinsbraten sowie gebratenes Fleisch vom Angusrind. Besonders empfehlenswert die Dolci: »Klotznudel«, das sind Kletznnudeln – Teigtaschen mit getrockneten Birnen –, sowie Buchteln, Napoleonschnitten, Schokoladesoufflé oder Apfelstrudel. Fantastisch auch der Kaiserschmarrn. Für noch mehr Genussmomente.

Antica Trattoria da Giusi
Via Bamberga 19
33010 Malborghetto
Tel. (+39 0428) 600 14
www.dagiusi.it

Renzo

Beliebtes Ausflugslokal in Valbruna. Viel Fisch, tolle hausgemachte Pasta mit geräuchertem Ricotta, Wild.

Via Saisera 11
33010 Valbruna-Malborghetto
Tel. (+39 0428) 601 23

Azienda Agricola Luigi Faleschini

Bio-Landgut mit **friaulischen Spezialitäten,** 10 Kilometer westlich von Malborghetto. Marmeladen, Senf, »Radic di Mont« als lokale Spezialität, eingelegtes Gemüse.

Via Zardini 15, 33016 Pontebba
Tel. (+39 0428) 910 05
http://azagrfaleschini.valcanale.org

Gute Stimmung

Auch wenn es nur ein Stehachterl ist. Der Weg in der bekannten Messerstadt Maniago (26 Kilometer nördlich von Pordenone) führt zwangsläufig in Claudio Corbas Osteria. Das stimmungsvolle Lokal liegt im Zentrum, in einer Seitengasse unweit der Piazza Italia.

Claudio ist ein liebenswerter Wirt, der sich durch nichts und niemanden aus der Ruhe bringen lässt. Auch wenn der Laden jeden Tag verlässlich voll ist bis unter das Dach. Lautes Gelächter, fröhliches Geschnatter, klingende Gläser, und über die Theke werden kleine Häppchen gereicht – *la vita è bella,* das Leben ist

schön. Und es wird noch viel schöner, wenn Claudio regionaltypische Speisen serviert, nach bester Slow-Food-Manier zubereitet. Zum Beispiel warme Pitina auf Polenta, ein cremiger Baccalà, Montasio und Asìno-Käse sowie traditioneller Frico. Unser Tipp: Hausgemachte Taglia-

telle mit gebratenem Radicchio, Gnocchi mit Speck oder auch die Kutteln. In der üppig bewachsenen Laube im schönen Innenhof genießen wir als Dessert ein picksüßes Schlückchen Picolit.

Zusammen mit Claudio, der mit einem breiten Schmunzeln eine und noch eine Flasche aus dem wunderbar bestückten Weinkeller holt. Gute Tropfen sind nämlich sein Revier. Beim Gehen kommen wir nicht und nicht am dunklen Tresen vorbei. Gut, wir bleiben noch auf ein Stehachterl. *Salute!*

Vecchia Maniago
Via Castello 10
33085 Maniago
Tel. (+39 0427) 73 05 83

Maniago im Westen Friauls: Chiesa San Mauro mit Campanile

Macelleria Polesel

Wurst- und Fleischspezialitäten wie Pitina, weißer Speck, Bauchspeck, Ossocollo, Salami, Prosciutto usw. Im bestens sortierten Geschäft findet man unter anderem auch Delikatessen wie eingelegtes Gemüse, Käse, Öle.

**Via Umberto 1
33085 Maniago
Tel. (+39 0427) 714 70
www.pitina.it**

Farfalli Cavatappi d'Autore

Einzigartige **Designer-Korkenzieher:** schön, kreativ, funktional.

**Via Selva Lorenzo 21
33085 Maniago
Tel. (+39 0427) 712 71
www.farfalli.com**

Consorzio Coltellinai Maniago

Die gesamte Palette von 50 **Messer-Produktionen.** Stylisher Shop mit riesiger Auswahl an Küchenmessern, Profimessern, Geschenkartikeln sowie Schneidegeräten wie Gartenscheren oder auch Korkenzieher.

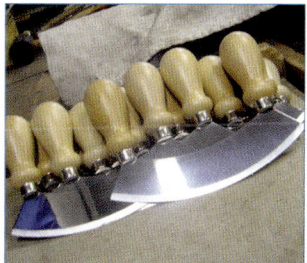

**Piazza Italia 9A
33085 Maniago
Tel. (+39 0427) 711 85
www.consorziocoltellinai.it**

Gegen den Strom

Schon praktisch, wenn man mit dem Bären Fisch isst. Man braucht nie Angst zu haben, dass man irgendein Meerestier nicht aus dem Panzer bekommt oder dem Fisch den Kopf falsch absäbelt. Das übernimmt wortlos der Bär. So auch hier im »Alla Laguna«. Da sitzen wir nämlich bei Meeresspinne, Krabben und Riesengarnelen.

Marano Lagunare besitzt den wichtigsten Fischmarkt von Friaul-Julisch Venetien und trotzdem schwimmt man bei einem Besuch gegen den touristischen Strom. Die meisten Besucher konzentrieren sich nämlich immer noch auf Venedig, Grado und Lignano.

Die Trattoria »La Laguna«, vormals »Vedova Raddi«, gehört unumstritten zu den bekanntesten Adrialokalen der Küste. Seit drei Generationen kümmert sich die Familie Raddi um das Wohl ihrer Gäste. Gegenüber dem Restaurant mit der rostroten Fassade schaukeln bunte Fischerboote, schließlich befinden wir uns direkt am Porto Canale. Auf den Tisch kommt, was frühmorgens noch im Meer war: je nach Saison Doraden, Steinbutt, Scampi, Canestrelli, Messermuscheln *(Capelunghe)* usw. Die Küche zeigt sich traditionell in der Zubereitung, einzigartig die Qualität. Es werden glücklicherweise auch alte, typische Maraneser Gerichte wie der Brodetto maranese serviert. *Che buono!*

Alla Laguna (Vedova Raddi)
Piazza Garibaldi 1
33050 Marano Lagunare
Tel. (+39 0431) 670 19
www.trattorialagunamarano.com

Altstadt Marano Lagunare

Köstliche Meeresspinne im „Alla Laguna"

Stella d'Oro

Fisch in allen Varianten hinter beeindruckender Fassade im Zentrum der Altstadt. Gästezimmer im Haus.

🐟 **Piazza Vittorio Emanuele II 11**
33050 Marano Lagunare
Tel. (+39 0431) 670 18, www.stelladoro.info 🛏

Osteria Porta del Mar

Stimmungsvolles Fisch-Restaurant im Herzen der Altstadt, gegenüber dem Fischmarkt. Mit gemütlicher Bar. Feine Adriaküche mit Maraneser Gerichten.

🐟 **Via Porto del Friuli 2**
33050 Marano Lagunare
Tel. (+39 0431) 64 00 60

Taverna Al Pescatore

Schlichte Osteria, fantastische Fischküche. Gratinierte Canestrelli, superknusprig die Tintenfisch-Spießchen, Carpaccio vom Schwertfisch, hausgemachte Pasta.

🐟 **Via San Vito 18**
33050 Marano Lagunare
Tel. (+39 0431) 670 23
www.tavernaalpescatore.com

Sardinien in Friaul

Zwei Seelen wohnen in seiner Brust. Giovanni Carta, Padrone des Ristorante »Le Dune« in Mariano del Friuli, ist Vorzeigewirt und Paradekoch in einer Person. Der gebürtige Sarde steht nämlich genauso gerne am Herd wie er bei seinen Gästen weilt. Dieses vorzügliche Fischlokal finden Sie 5 Kilometer nördlich von Gradisca d'Isonzo. Feinschmecker kennen die terracottafarbene Fassade, hinter der sich reiner Hochgenuss verbirgt, schon lange. Was bei unserem Besuch an frischem Fisch geliefert wurde: Steinbutt, Wolfsbarsch und Brassen. Aber nicht einfach irgendwelche, sondern Goldbrassen, Zahnbrassen und Marmorbrassen. Die zählt Signor Carta alle persönlich auf. Zuerst genießen wir natürlich allerlei »Rohheiten« von Scampi bis Gamberi. Mit einem Spritzer Zitrone, Olivenöl, Salz und Pfeffer. Dann wunderbar abgeschmeckte Muscheln in verschiedensten Spielarten sowie Meeresspinne und die besten Thunfischfilets der Region. Dazu wird »Pane Carasau« gereicht – sardinisches Fladenbrot. Der Weinkeller mit seinen weißen

Regalen im Gewölbe ist mehr als wunderbar bestückt. Wiederkehr? Jederzeit!

 **Le Dune**
Via Dante 41
34707 Mariano del Friuli
Tel. (+39 0481) 690 21

Al Piave

Typische friaulische Trattoria mit ebensolchen Gerichten. Hirschcarpaccio, Pasta mit Hasen- oder Entenragout, Jota, Rollgerstensuppe, Strudel mit Hopfensprossen, Crespelle mit Leimkraut usw. Gepflegte Weinkarte. Sehr gemütlich.

Via Cormòns 8
34070 Mariano del Friuli
Tel. (+39 0481) 690 03

In vino veritas

So einfach kann es sein. Ein Besuch bei Familie Uanetto in Mortegliano und schon fühlt sich das Leben leicht und beschwingt an. Schließlich saugt man es hier besonders auf, das Lebensgefühl des Südens. Italien eben. Schon beim Betreten des Restaurants passt alles. Eine gut frequentierte Theke, fröhliche Gesichter, jeder mit einem Gläschen Wein in der Hand. Gastgeber Ivan liest die Zeitung, Bruder Sandro flitzt durch die Räume.

1980 haben die Brüder Uanetto von ihrem Vater Ferdinando – »Nando« – das Restaurant übernommen, der den Betrieb 1960 gegründet hatte.

Doch bevor wir essen, müssen wir vom Weinkeller erzählen. Dieser zeigt sich als einer der besten und größten, die wir gesehen haben, nicht nur in Friaul-Julisch Venetien, sondern in ganz Italien. Mehr als 120 000 Flaschen lagern hier. Zu den bekanntesten italienischen Tropfen kommt eine beachtliche Anzahl internationaler Etiketten. Und Champagner. Eine fantastische Auswahl.

Das Restaurant selbst besticht mit seiner bezaubernden Tischkultur, unzählige gläserne Peugeot-Mühlen mit unterschiedlichen Salzsorten, buntes Zafferano-Glas aus Treviso und eine knallrote Berkel-Aufschnittmaschine.

Als Amuse-Bouche kommt ein exzellentes Baccalà-Süppchen mit kleinen Brot-Stückchen auf den Tisch. Es folgt ein Fischgang, der an Zartheit nicht zu überbieten ist: verschiedene marinierte Fische mit fruchtigem Olivenöl. Wir bleiben bei den Fischen und wählen den gekochten Oktopus mit Artischocken sowie eine »Rosa di Gorizia« mit Sardellenpaste – unser Lieblingsgang. Die Pasta-Fraktion der Bären-Buben jubelt beim Anblick der Pappardelle und über einen auf den Punkt gegarten Wolfsbarsch. Puristisch, leicht.

Eilig haben wir es überhaupt nicht, schließlich bleiben wir in einem der zwölf schönen Zimmer im Albergo, im Nebenhaus. Man sollte unbedingt ein Zimmer Richtung Garten wählen. Damit man leicht und beschwingt am Morgen aufsteht, samt Vogelgezwitscher und Blick auf den imposanten Kirchturm von Mortegliano.

Da Nando
Viale Divisione Julia 14
33050 Mortegliano
Tel. (+39 0432) 76 01 87
www.danando.it

Frischester Fisch, roh mariniert: Restaurant „Da Nando"

La Latteria di Mortegliano

Ein Muss für **Käsekenner:** die Molkerei von Morteglia-no. Montasio, Ricotta, Mozzarella, Butter, Joghurt usw. Ein Traum der »Montasio Stravecchio«.

🌊 **Via Micon 15**
33050 Mortegliano
Tel. (+39 0432) 76 01 78
www.latteriamortegliano.it

La Blave di Mortean

Hervorragendes **Maismehl,** weißes Polentamehl, Weizen-mehl. Auch Grissini, Crostini und Kekse aus Maismehl.

🌊 **Via Flumignano 23/3**
33050 Mortegliano
Tel. (+39 0432) 76 05 47
www.lablavedimortean.com

Della Negra

Fantastische, cremige Sorbettos. Seit 1984 hat sich Familie Della Negra auf die Herstellung von **Sorbetto und Eis** spe-zialisiert. Einige Sorbetto-Sorten: Kastanien, Holunder, Grü-ner Apfel, Schokolade, Trauben, Erdbeere. Ungewöhnlich: Sorbetto aus Grünem Tee oder Absinth! Eis gibt es in den Geschmacksrichtungen Trüffel, Kren, Nougat, Mandarinen, Pistazie usw.

🌊 **Via Flumignano 80**
33050 Mortegliano
Tel. (+39 0432) 76 03 71
www.dellanegra.com

Kulinarische Launen

Als Mama der Bären-Buben habe ich schon einige kulinarische Launen geduldig ertragen. Vor allem jene des älteren der beiden. Da gab es etwa die »Spinat-Pfui-gack«-Phase, die »Lamm-wäh-ich-esse-kein-Tier«-Phase, die »Kohlsprossen-sind-nur-was-für-Karnickel«-Phase, die »Nein-vom-fünften-Stück-Schokokuchen-wird-mir-sicher-nicht-schlecht«-Phase.

Und dann versuche man einmal an einem Montagmittag zwischen Cormòns und Gorizia ein offenes Speiselokal zu finden. Wäre da nicht die Trattoria Blanch in Mossa, wir wären ziemlich blank dagestanden. Ein gediegenes, gepflegtes Landgasthaus, gar nicht klein, vor allem der Gastgarten. Das Interieur: nostalgisch, sagen wir retro. Drei kleine Tische stehen gegenüber der Schank, gleich anschließend ein lang gezogener Raum mit genügend Platz für ganze Familienfeiern.

Speisekarte wird heute keine ausgeteilt, dafür landet gleich ein bunt bemalter Tonkrug gefüllt mit Friulano auf dem Tisch. Für die Zutaten der bodenständigen Küche muss Familie Blanch nicht weit fahren. Sie wachsen und gedeihen in der Umgebung. So scharren Hühner hinter dem Haus, Kräuter und Gemüse wachsen im Garten.

Mündlich vorgetragen werden Suppe aus Artischocken, Crespelle mit ebendiesen, Bohnensuppe, Kalbfleisch mit jungem Spinat, Kalbsleber, Baccalà, Kutteln, Schweinsstelzen, Gulasch. Schon muss die Bären-Mama an die kulinarischen Launen des älteren Bären-Buben denken. Auf Verdacht bestellen wir für die ganze Familie Bohnensuppe sowie Crespelle mit Artischocken. Die Suppe wird serviert. Von der Konsistenz und Farbe her sieht sie aus wie eine braune, breiige Masse. Das sage ich natürlich nicht laut, eh schon wissen, wegen der guten Erziehung der Bären-Buben. Ich runzle die Stirn und schubse den Bären mit dem Ellbogen. Gleich wird es passieren und das Theater geht wieder los. Doch wie durch Zauberhand nimmt der ältere Bären-Bube ganz flott den Löffel, taucht ihn in die Suppe und schmatzt den gesamten Brei weg. Auf meinen ungläubigen Blick meint der Bären-Bube: »Weißt Mama, wenn ich mehr esse, dann kannst du mehr darüber schreiben.«

PS: Die Bohnensuppe *(Crema di fagioli)* schmeckt schlichtweg fantastisch! Mit einem Geschmack, der seinesgleichen sucht. Fahren Sie hin, probieren Sie unbesorgt!

Blanch
Via Blanchis 35
34070 Mossa
Tel. (+39 0481) 800 20

Das „Blanch" in Mossa serviert Görzer Küche.

Vecchie Province

Rustikales Landgasthaus mit fantastischen Antipasti, bodenständiger Fisch- und Fleischküche.

🔖 **Via Zorutti 18**
   34070 Mossa
   Tel. (+39 0481) 80 86 93

Azienda Agricola Codelli

Wunderschöne Villa mit Gästezimmern, einer Osteria, dem Weingut und dem Olivenanbau. Das sortenreine **Olivenöl** stammt von den Sorten »Bianchera«, »Leccino« und »Frantoio«.

🔖 **Via dei Codelli 15**
   34070 Mossa
   Tel. (+39 0481) 80 92 85
   www.codellifahnenfeld.it

Da steppt der Bär

Ich denke an die Taverna Cigui und der Bär summt »Ciao, Ciao, Bambina«. Der Bär ist nämlich musikalisch. Das hat er unlängst auch den Italienern gezeigt. Bei einer (fremden) Geburtstagsfeier in Muggia. Dieses Juwel an der Adria ist das letzte Küstenstädtchen vor der slowenischen Grenze und gehört bereits zur istrischen Halbinsel. Sehr hübsch, sehr idyllisch, sehr relax. Mit einem entzückenden Hafen und schaukelnden Fischerbooten.

Unser Weg führt dieses Mal in die Hügellandschaft von Santa Barbara, nur wenige Hundert Meter von der Altstadt Muggias entfernt. Bereits bei der Ankunft dampft zwischen Weinstöcken und Olivenbäumen vor dem Haus der Familie Cigui allerlei vorzügliches Krustengetier mit Reis in riesigen Pfannen. Da stecken wir geschwind die Nasen hinein und atmen tief durch. Ja, die Luft hier oben duftet verführerisch nach Meer und Fischküche, aber auch nach Beständigkeit und Verlässlichkeit. Es gibt nämlich Orte in Friaul-Julisch Venetien, da glaubt man, die Zeit bleibt einfach stehen. Das sind kleine, wunderbare Oasen, wo Chichi einfach keine Rolle spielt. Die Taverna Cigui ist ein solcher Ort. Und das ist gut so. Deshalb fühlen wir uns hier auch wie zu Hause.

Die Räume mit dem obligatorischen Fogolar sind vollgestopft mit buntem Krimskrams – blitzende Pokale, irdene Krüge sowie Fotos von Sportmannschaften. In der Küche werden zwei Traditionen vereint: die istrische sowie die Triestiner Küche. Wie exakt die Gerichte der jeweiligen Saison angepasst sind, zeigt die Speisekarte mit den vier Jahreszeiten-Menüs. So entdecken wir im Frühling Frittata mit Wildspargel, Pasta mit Meeresspinne, Sarde in saor, im Sommer gibt es jede Menge Gemüse aus dem Garten, im Herbst werden Pilze und Trüffel, im Winter wärmende Jota und Schinken im Brotteig oder Baccalà gereicht. Fisch in allen Varianten gibt es das ganze Jahr über.

Apropos Fisch: Wir sitzen vor einer herrlich zart gegrillten Dorade, die Bären-Buben schlafen gemütlich einen Stock höher in den Gästezimmern, die italienischen Babys quietschen noch munter vor Freude. Auf der winzigen Tanzfläche tanzt fröhlich das Geburtstagskind, circa dreißig Italiener schwatzen, lachen, trinken und feiern das Leben. Da legt der Sänger der Band kurz sein Mikrophon zur Seite. Kleine Pause.

Der Bär ergreift seine Chance, schnappt sich das Mikrophon und trällert, bevor ich den letzten Bissen Dorade hinunterschlucken kann, den Italo-Klassiker: »Ciao, Ciao, Bambina«. Und weil im Cigui dann so richtig der Bär steppt, die Menge begeistert klatscht, das Geburtstagskind Küsschen wirft, bekommt der Bär auch von mir schnell »un bacio ancora«.

Taverna Cigui
Via Colarich 92
34015 Muggia
Tel. (+39 040) 27 33 63
www.tavernacigui.it

Risorta

Bekanntes Fischrestaurant mit herrlichem Blick von der Terrasse aufs Meer. Spannend: der Mix aus rustikaler Trattoria und zahlreichen modernen Elementen. Diese betreffen Ambiente, Tischkultur und Küche gleichermaßen. Feine, ambitionierte Fischküche und großartige Dolci. *(Fotos rechts)*

🐟 **Riva de Amicis 1**
34015 Muggia
Tel. (+39 040) 27 12 19
www.trattoriarisorta.it

Al Lido

Klassisches, nostalgisches Hotelrestaurant mit traditioneller Küche und bester Qualität. Top: Meeresspinnen, Brassen, Barsche, Carpaccio von der Rotbrasse, Venusmuscheln, Fischsuppe, Scampi-Risotto. Zum Meer braucht man nur über die Straße zu gehen.

🐟 **Via Cesare Battisti 22/A**
34015 Muggia
Tel. (+39 040) 27 33 38
www.hotellidotrieste.com

Al Castello

Diese Trattoria bietet eine tadellose Fischküche. Gegrillter Fisch, gratinierte Muscheln, bodenständige Pastagerichte.

🐟 **Salita Delle Mura 11/B**
34015 Muggia
Tel. (+39 040) 27 26 67
www.trattoriaalcastello.net

Alla Marina

Unverfälschte, traditionelle Fischküche am Rande der Altstadt von Muggia. Freundlicher Service, einfache und gute Gerichte. Schöne Veranda mit Blick auf das Meer.

🐟 **Via Manzoni 7**
34015 Muggia
Tel. (+39 040) 27 13 29

Gutes auf dem Gut

Was das Weingut Isola Augusta alles zu bieten hat? Nun, da wären einmal die eigenen bemerkenswerten Flaschen, der Agriturismo-Betrieb mit den stilvollen Gästezimmern, der Verkaufsladen, die selbst gemachten Hofprodukte wie Grappa, Honig, Olivenöl und natürlich das einzigartige Ristorante »Novecento all'Isola«. Dieses bildet das Herzstück des Betriebes. Das Anwesen der Familie Bassani erstreckt sich auf einer Fläche von 74 Hektar, liegt mitten im Grünen zwischen den Flüssen Tagliamento und Stella, 7 Kilometer östlich von Latisana.

Ilse Mazzocut und Carlo Piasentin führen mit Begeisterung dieses helle, geräumige Restaurant. Der Charme der alten Arkaden, der schweren Steinböden und Teppiche sowie der gediegenen Holzdecken ist unvergleichlich. In Carlos Weinkeller liegen an die 500 verschiedenen Positionen, natürlich wählen wir die Tropfen, die an Ort und Stelle gekeltert werden. Die Küche: traditionell friaulisch mit Einflüssen aus ganz Italien. Von *Trenette* (schmale Bandnudeln) mit Capesante, Gamberi und

Pistazien über Fritto misto bis hin zur Pizza. Und da das Meer nur 14 Kilometer entfernt ist, kann man es förmlich einatmen.

Novecento all'Isola
Casali Isola Augusta 4
33056 Palazzolo dello Stella
Tel. (+39 0431) 58 62 83
www.novecentoallisola.it

Olistella

Extravergine-Olivenöl der Azienda Agricola Stefani aus biologischem Anbau. Neben den reinen Sorten werden auch einige Blends angeboten. Schöner Verkaufsladen, Verkostung, Agriturismo-Betrieb mit Gästezimmern.

Casali Moretton 30/b
33056 Palazzolo dello Stella
Tel. (+39 0431) 58 63 49
www.olistella.com

Ilse Mazzocut und Carlo Piasentin führen das stimmungsvolle Restaurant „Novecento all'Isola" auf dem Weingut „Isola Augusta".

Sternstunden

Zugegeben, die kleine Stadt Palmanova, rund 20 Kilometer südlich von Udine, lassen wir meist links liegen. Nämlich auf dem Weg nach Grado. Aber dann fällt uns ein, dass der Grundriss der Stadt wie ein Stern aussehen soll, da Palmanova ursprünglich auf dem Reißbrett geplant wurde. So sind wir also neugierig, als wir durch das südliche Stadttor hindurch in die ehemalige Festungsstadt fahren.

Die Piazza Grande als Mittelpunkt von Palmanova ist nicht nur groß, sondern überdimensioniert. Für die Bären-Buben ein Grund zur Freude. Sie kräftigen lautstark ihre Lungen und toben sich auf dem Spielplatz aus. Und weil Markttag ist, herrscht reges Gewusel zwischen bunten Frühlingsblumen, frischen Artischocken, tiefrotem Radicchio, feinen Käsespezialiäten, meisterlichem Korbgeflecht, Frischfisch, Küchenutensilien sowie Klamotten, Hausschlapfen und Zwirnspulen.

Die Domuhr zeigt zwölf Uhr, Bärenhunger ist angesagt. Das »Campana d'Oro« liegt nur drei Häuser von der Piazza Grande entfernt. In einer Seitengasse, die direkt zum Hauptplatz führt. Als wir das legere Lokal betreten, ist der Laden fast voll – mit den Mitgliedern der Familie Gandin. Der Senior-Chef genießt gerade sein Mittagessen, Ehefrau Margherita wirft mit Schwung eine Tischdecke über den letzten verfügbaren Tisch, die Schwiegertochter kommt mit sauberer Schürze aus dem oberen Stock gelaufen, der Ehemann und Chefkoch begrüßt freundlich die ersten Gäste. Und die Enkelkinder lachen vom riesigen Familienporträt im Restaurant.

Die Speisekarte liest sich wie ein »Best of Friuli«. Sämtliche Spezialitäten von den Alpen bis zur Adria sind vertreten. Fischeintopf (Boreto) aus Grado, gefüllte Teigtaschen (Cjarsons) aus der Carnia, cremige Polenta mit Käse und Ricotta (Toç in braide) usw. Dann noch jede Menge Fisch und Meeresfrüchte, frischer Salat vom Markt und als krönender Abschluss ein großes Stück Gubana. Wahrlich kulinarische Sternstunden in Palmanova.

La Campana d'Oro
Borgo Udine 25
33057 Palmanova
Tel. (+39 0432) 92 87 19
www.osteriacampanadoro.it

Caffetteria Torinese

Direkt beim riesigen Hauptplatz. Historische Caffetteria, grandiose Häppchen, umfassendes Sortiment mit Wein, Spirituosen, Kaffee usw.

🦌 **Piazza Grande 9**
33057 Palmanova
Tel. (+39 0432) 92 07 32
www.caffetteriatorinese.com

Mulino delle Tolle

4,5 Kilometer südöstlich von Palmanova. Agriturismobetrieb, Weingut und Restaurant. Die Küche: typisch friaulisch sowie saisonal.

🦌 **Via Julia 1**
33050 Bagnaria Arsa
Tel. (+39 0432) 92 47 23
www.mulinodelletolle.it 🛏

Renato Gortani

Slow-Food-Käse 2 Kilometer nördlich von Palmanova. Grandiose Käsesorten, allen voran der bekannte »Formadi Frant«.

🦌 **Via Palmanova 16**
33050 Mereto di Capitolo
Tel. (+39 0432) 99 53 65
www.gortanifarm.it

Jolanda de Colò

»Gans« was Feines. Da gibt es **Gänsespezialitäten** wie Speck, Salami, Pastete, Mortadella und vieles mehr – alles aus Gänsefleisch und -leber. Wichtig: Es werden nur ungestopfte Gänse verarbeitet. Das Unternehmen beliefert auch die gehobene Gastronomie. Insgesamt sind 1200 Produkte im Angebot (Wildlachs, Thunfisch, Mangalica-Schwein usw.), über 100 werden selbst produziert. Einen Kilometer nordöstlich von Palmanova (außerhalb des Sterns).

🦌 **Via I° Maggio 21**
33057 Palmanova
Tel. (+39 0432) 92 03 21
www.jolandadecolo.it

Wie im Paradies

Das Team im »Al Paradiso« ist *come una famiglia italiana* – alle halten zusammen und haben auch noch Spaß. Der überträgt sich übrigens sofort auf die Gäste. Hand aufs Herz: In dieses Restaurant kommt jeder mit einer besonders hohen Erwartung. Auch wir. Schließlich verspricht bereits der Name so einiges. Und niemand wird enttäuscht. Die altehrwürdigen Mauern, die ungezwungene Atmosphäre, der persönliche Einsatz, die authentische Küche, das liebevolle Ambiente (Feuer im Fogolar, Blumenschmuck) machen dieses Haus wahrlich zu einem Paradies auf Erden.

Wo es zu finden ist? 25 Kilometer südlich von Udine. Hier arbeiten Anna Maria Mauro, Ehemann Aurelio Cengarle sowie die eloquente Tochter Federica am Gelingen ihres Lebenswerkes. Anna Maria zaubert Geschmack so auf die Teller, wie er sein sollte – mit puren, unverfälschten Aromen, als raffinierte Kreationen und tief in ihrer Tradition verwurzelt. Inspiration ist dabei die Region selbst, bestimmt durch die jeweilige Saison. So entdecken wir im Herbst 7-gängige Pilz-Menüs (Steinpilze, Morcheln, Eierschwammerl, Trüffeln) und im Frühling/Sommer 8-gängige Kräuter-Menüs. Gastgeber Aurelio ist Jäger und versorgt die Küche seiner Frau unter anderem mit Wildenten und Wildhühnern aller Art. Top: Er selbst stellt eine grandiose Soppressa aus Schweinefleisch her. Die wird dann mit köstlicher Polenta serviert. Spannend sind auch geräucherter Aal und Schnecken.

Von der Weinkarte sind wir ebenso begeistert. Der Schwerpunkt liegt auf friaulischen sowie italienischen Weinen. Aber wir haben auch einige österreichische, spanische, französische, neuseeländische Etiketten auf der Karte gesehen. Da fühlen der Bär und ich uns wie Adam und Eva – im Paradies sind wir ja schon.

Al Paradiso
Via Sant' Ermacora 1
33050 Paradiso di Pocenia
Tel. (+39 0432) 77 70 00
www.trattoriaparadiso.it
www.ristorantealparadiso.com

Anna Maria Mauro, Ehemann Aurelio Cengarle und Tochter Federica sind Garanten für außergewöhnliche friaulische Küche.

Hämmer und Nägel

Ein Ort der Wiederkehr: Poffabro, 7 Kilometer von Maniago entfernt, im Val Colvera. Dieses bezaubernde Bergdorf in den karnischen Voralpen wurde zu den 30 schönsten Dörfern Italiens gewählt. Warum? Nun, da wären zunächst diese schmucken, unverwechselbaren Häuser aus Stein und Holz, die gepflasterten Gassen, die frisch gepflückten Blumen. Aufregend: Poffabro wirkt wie ein Haus im Haus, die Gebäude sind ineinander verschachtelt, überall Balkone, Treppen, Bögen, welche die Häuser miteinander verbinden sowie versteckte, einzigartige Innenhöfe. Aber das Dorf ist kein Freilichtmuseum ohne echtes Leben. Hier ist an den Wochenenden so einiges los – Maler, Schnitzer, Tonkünstler, Korbflechter und Handwerker präsentieren ihre Kunstwerke, aber der Alltag hat die Bewohner rasch wieder. Übrigens: Im Winter kann man hier über den ganzen Ort verstreut Hunderte Krippen bewundern – magisch, besinnlich.

Und mittendrin die kleine Osteria »Maçjoli e Brocons«. Daniele Colussi hat das Haus seines Urgroßvaters im Jahr 2008 renoviert. Mit viel Kastanien- und Lärchenholz. Ursprünglich diente das Gebäude bis in die 1950er-Jahre als

Bäckerei sowie als Schenke mit Tanzsaal. Der Name bedeutet auf Friulanisch »Hämmer und Nägel«. Die Einwohner von Poffabro wurden einst »Maçjoli« genannt, die des Nachbardorfes Frisanco »Brocons«. Genauso traditionell wie der Name ist auch das Angebot von Daniele und seiner Frau Giulia. Auf die Teller kommen Frico, Kochwurst mit gesäuerten Rüben (Muset e Brovada), Salami (Pitina), Polenta. Die Gerichte werden nach alten Familienrezepten zubereitet, im Reigen der Jahreszeit, versteht sich. Unbedingt probieren sollte man die hausgemachten Gnocchi mit Wildkräutern. Einfach angerichtet, großartig im Geschmack. Ein Hammer: Risotto mit Feigen. Also Nägel mit Köpfen machen und dort einkehren!

Maçjoli e Brocons
Via Voul 4
33080 Frisanco
Tel. (+39 0427) 781 36
www.macjolibrocons.it

Bergdorf mit Charakter: Poffabro, sieben Kilometer nördlich von Maniago.

Gemütlich-Osteria

Altstadt Pordenone

Der Bär dachte sich wohl, heute lasse ich mir von der gierigen Frau nichts wegessen und bestellt Kuttelfleck und Baccalà. Was der Bär allerdings nicht berücksichtigt hat: Seine Frau hat kein Problem mit Kutteln, schließlich ist sie mit steirischer Flecksuppe aufgewachsen. Und weil wir schon jahrelang das Friaul kulinarisch erkunden, ist auch der Stockfisch zu einer Delikatesse geworden, siehe oben! Fisch für Fortgeschrittene, und ich bin mit dabei!

Die gemütliche Osteria der Familie Sartor, mit dem historischen Gewölbe, findet man unweit des Rathauses und sie ist für ihre ausgezeichnete, bodenständige Küche bekannt. Die Tische sind tadellos gedeckt, mit farbigen Wassergläsern, wer möchte, kann gerne im Gastgarten vor dem Lokal Platz nehmen.

Neben Kutteln und Baccalà freut sich der Gaumen auf weitere Köstlichkeiten: Soppressa mit Polenta, Bohnensuppe mit Radicchio, Gnocchi mit Entenragout, *Fegato alla veneziana*, Gemüsestrudel mit einer Creme aus Montasio-Käse, gebratene Entenbrust mit Kartoffeln usw. Die Weinkarte präsentiert beste Tropfen aus dem Friaul und der Toskana. Und da bestelle ich gleich eine Magnum-Flasche, sonst denkt der Bär, ich könnte ihm etwas wegtrinken.

La Vecia Osteria del Moro
Via Castello 2
33170 Pordenone
Tel. (+39 0434) 286 58
www.laveciaosteriadelmoro.it

Fisch mit dem Herrn Professor

Der Bär hat wieder mal Gusto auf Fisch. Wir weilen aber gerade nicht am Meer, sondern in der westfriaulischen Stadt Pordenone und unser Besuch im grandiosen Fischrestaurant »Il Cecchini« im Süden der Stadt ist längst verdaut. Also frage ich unseren Pordeno-

ne-Scout Fritz Arnez vom Kulturverein »Momentum pro regione« um die beste Adresse der Stadt. Und weil er zufällig in der Nähe ist, begleitet er uns. Der Herr Professor kommt übrigens auch mit.

Wer hätte vermutet, dass sich in diesem bügeleisenförmigen Palace Hotel Moderno im Zentrum von Pordenone eine der besten Fischküchen der Region verbirgt? Im Restaurant kommt jegliches Meeresgetier fangfrisch auf den Tisch. »Aus Chioggia oder der Lagune von Marano«, bestätigt der umtriebige Hotelchef Angelo Baldi, der sein Herz an die Gastronomie verloren hat. Die großartige Qualität schmeckt man. So rufen das Tartar vom Seeteufel, die rohen Scampi, das Branzino-Carpaccio und die rohen Canestrelli unbewusstes Kopfnicken und ein Dauergrinsen hervor. Das versteht der Padrone und lächelt still mit. Nur der Herr Professor muss sich mit blankem Wasser begnügen. Trotzdem schmatzt der wuschelige Hund ganz ordentlich.

Moderno
Via Martelli 1
33170 Pordenone
Tel. (+39 0434) 290 09
www.palacehotelmoderno.it

Fagioli con cotechino

Bohnen mit Wurst

Ein schnelles, einfaches Gericht. Wird im Friaul sehr oft mit Sclopit, dem Leimkraut, zubereitet. Schmeckt aber auch bestens mit unseren heimischen Wiesen- und Gartenkräutern. Zu kombinieren mit Spargel, Speck, Prosciutto, Artischocken, Kartoffeln, Zucchini, Pilzen. Eine Frittata wird als Vorspeise oder Hauptgericht serviert, oder in kleine Stückchen geschnitten zum Aperitif.

Zutaten für 4 Personen:
- **200 g Cotechino (gekochte Wurst aus Schweinefleisch)**
- **120 g Borlotti-Bohnen (Wachtelbohnen), getrocknet**
- **2 kleine Zwiebeln**
- **frischer Zitronenthymian**
- **Olivenöl**
- **Weinessig von Sirk**
- **Salz, frisch gemahlener Pfeffer**

Zubereitung:

Bohnen am Vortag einweichen. Am nächsten Tag weich kochen. Die Zwiebeln in feine Scheiben schneiden und in einer Pfanne mit Olivenöl anschwitzen. Die gekochte Cotechino in feine Scheiben schneiden, unter die Zwiebeln mischen. Danach die Bohnen dazugeben. Mit Zitronenthymian, Weinessig, Salz und Pfeffer abschmecken.

Al Gallo

Zunächst verwirrend, tatsächlich aber weist das Schild mit dem Hahn auf eine Top-Meeresküche hin. Das Restaurant ist in der Altstadt zu finden.

🐟 **Via San Marco 10**
33170 Pordenone
Tel. (+39 0434) 52 16 10
www.ristorantealgallo.com

Antico Burchiello

Moderne, schlichte Osteria an der historischen Flaniermeile. Kleine Speisekarte, tolle Aperitifs.

🐟 **Corso Garibaldi 11D**
33170 Pordenone
Tel. (+39 0434) 52 48 86

Al Pescatore

6 Kilometer nördlich von Pordenone. Hervorragendes, beliebtes Fisch-Restaurant.

🐟 **Via XX Settembre 289**
33080 Roveredo in Piano

Hostaria Il Pilacorte

Moderne Form einer *Osteria tipica:* rote Berkel-Maschine, riesige Angebotstafeln, viel Wein und ein herrliches Buffet mit Verführungen wie Salami, Prosciutto und Käse. Hier kann man den ganzen Tag verbringen. Perfekt für ein Glas Wein, für *Stuzzichini* zwischendurch, Mittag- bis Abendessen.

🐟 **Vicolo del Lavatoio 19**
33170 Pordenone
Tel. (+39 0434) 24 75 04
www.ilpilacorte.it

La Ferrata

Gute Grundzutaten und eine lange Liste an friaulischen Spezialitäten verweisen auf die bestens geführte Slow-Food-Trattoria, die gleichzeitig eine Enoteca ist.

🐟 **Via Gorizia 7**
33170 Pordenone
Tel. (+39 0434) 205 62
www.osterialaferrata.it

Montereale 1987 Gelateria Pasticceria

»BiscottoPordenone« – hier bekommt man die bekannten runden **Kekse** von Pordenone zu kaufen. Süß und salzig zugleich. Auch cremiges Eis.

🐟 **Via Montereale 23**
33170 Pordenone
Tel. (+39 0434) 36 51 07
www.biscottopordenone.com

Peratoner

Schokoladeparadies von Chocolatier Giuseppe Faggiotto im Herzen der Altstadt. Grandioses Café mit Gelateria, überall süße Versuchungen. Allein die Schokolade-Schaufenster sind sehenswert.

🐟 **Corso Vittorio Emanuele 22b**
33170 Pordenone
Tel. (+39 0434) 52 00 14
www.peratoner.it

Cucina naturale

Habe ich erwähnt, dass ich Überraschungen liebe? Das Ristorante »Aqua« ist auf jeden Fall eine. Elf Kilometer südlich von Pordenone, im westlichen Friaul, arbeiten die Brüder Andrea und Angelo Burlina mit spürbarer Freude und einzigartiger Gastfreundschaft in ihrem Ristorante. Von außen ein bisschen unscheinbar, liegt das Lokal gegenüber einer Tankstelle mitten im Wohngebiet. Das Ambiente im Restaurant: modern, elegant, zeitgemäß – im Stil des Neo-Barocks. Mit großem knallroten Glasluster, die Wände teils im venezianischen Rot gehalten.

Küchenchef Davide Cesaro hat reichlich Raum, seine »Cucina naturale« zu verwirklichen. Er arbeitet mit Fantasie und Tatendrang an den Neuinterpretationen seiner Fischküche. Was es zu schmausen gibt? Das, was die Fischer am Morgen aus der Adria holen.

Aus der Abteilung Fleisch können wir das Beef Tartar empfehlen. Das beliebte Gericht wird direkt vor den Augen der Gäste zubereitet. Brot, Pasta, Eis und Dolci sind hausgemacht, die heimischen Produkte stehen bei der Auwahl stets im Mittelpunkt. Die Weinauswahl mit 120 Etiketten ist mehr als großzügig. Und zum Schluss eine weitere Überraschung: Der Preis ist echt in Ordnung.

Aqua
Via Opitergina 47
33080 Prata di Pordenone
Tel. (+39 0434) 62 19 16

Das Beste liegt am Fluss

Im »Al Fiume Stella« ist Genuss kein eindimensionales Ereignis, denn hier trifft Lifestyle auf Gemütlichkeit. Es sind wenige Kilometer zum Meer, und trotzdem sitzt man direkt am Wasser – am Fluss Stella mit eigener Bootsanlegestelle. Die gediegenen, braunen Holzmöbel wurden seit unserem letzten Besuch allesamt blitzeweiß gestrichen, und auf dem Rasen liegen überall kleinere und größere Lichtkugeln verstreut. Besonders beeindruckend, vor allem zur blauen Stunde. Die Stimmung: relaxt und chillig.

Bei den Gerichten stellt sich wie auf Knopfdruck die gewünschte Urlaubsstimmung ein. Ich sage nur Meerestrüffeln *(Tartufi di mare)*, Taschenkrebse *(Granciporri)*, Hummer *(Astice)*, frische Austern, marinierte Sardinen, rohe Fische als Carpaccio oder Tartar. Die Vorspeisen sind klassisch und gut: Pasta oder Risotto mit Vongole, »alla busara« oder mit Frutti di mare. Bei den Hauptspeisen dominiert, keine Frage, der Fang des Tages: Steinbutt, Calamari, Branzino, Brassen. Heute einmal keinen Fisch? Dann lockt gegrilltes Fleisch wie eine Tagliata vom Rind, Lasagne alla Bolognese usw. Für süße Gaumen gibt es Tarte Tatin, Tiramisu und Fruchtsalat. Als krönendes Finale.

Al Fiume Stella
Via dell'Isolino 1
33050 Precenicco
Tel. (+39 0431) 58 77 05
www.ristorantealfiumestella.com

Gastlichkeit und Lebensfreude

Marco ist unser Mann in Prepotto. Oder anders: Wer im bekannten Weinbaugebiet der Colli Orientali authentisch essen und trinken will, kommt um einen Besuch des bekannten und beliebten Lokales »Da Mario« nicht umhin. Mitten im unscheinbaren Ort gelegen, findet man schnell das Haus mit der gelben Fassade, die üppig mit Blauregen bewachsen ist. Wer diese legendäre Trattoria betritt, spürt sofort die wohltuende Gastfreundschaft der Wirtsfamilie. Der Bär und ich sind uns einig, dass Marco Grassi mit seiner angenehmen, gut gelaunten Art das Wirtsein generell erfunden zu haben scheint. Und seine Frau Tiziana »Gioia« Buiatti hütet das beste Schweinsbraten-Rezept der Region. Zusammen mit Fenchel ist dieses Gericht seit Jahren ein Klassiker, und der wird auch tüchtig bestellt. Zuerst werden jedoch perfekt angerichtete Antipasti-Teller

mit Prosciutto und Käse auf die Tische gestellt. Es folgen ein »Risotto« aus Rollgerste *(Orzotto)*. Zur Auswahl stünden auch Risotto mit Schioppettino, Radicchio und Salsiccia. Herrlich zart die Tagliata vom Rind mit feinem Rosmarin-Gschmack. Als süßen Abschluss genießen wir eine »Gubanetta con crema di Grappa«.

Marco Grassi ist jedoch nicht nur ein liebenswerter Wirt, er ist auch der »Boschafter des Schioppettino«. In seiner Enoteca ist praktisch jeder Winzer mit diesem einzigartigen Wein aus der autochthonen Rebsorte, der nur hier in dieser Gegend wächst, vertreten. Also gerne noch ein Glas, grazie!

Da Mario
Via XXIV Maggio 16
33040 Prepotto
Tel. (+39 0432) 71 30 04
www.enotecaschioppettino.it

Das Weingut Petrussa in Prepotto kultiviert Schioppettino mit großer Passion.

Von wegen Kneipe!

Eines vorweg: *Bettola* heißt so viel wie Kneipe, Kaschemme, Spelunke. Nein, Sie müssen sich nicht fürchten. Hinter dieser »Bettola« verbirgt sich nämlich eine traditionelle, einzigartige Trattoria. Mit den typischen friaulischen Gerichten am Teller und einigen Überraschungen. 4 Kilometer südlich von San Daniele arbeiten Rita Canatarutti und Ehemann Roberto Palmieri mit viel Liebe zum Gast – Rita in der Küche, Weinkenner Roberto im Service.

Sobald es die Temperaturen erlauben, wird gegrillt. *Bistecca alla fiorentina* zum Beispiel. Oder Filets. Oder Lammkronen. Oder Ripperln. Den Anfang machen ordentliche Antipastiteller mit Prosciutto, der auf der Zunge zergeht. Danach folgen Tagliatelle mit Steinpilzen und *Gnocchi di pane*. Orzo? Gerne! Gerste gibt es mit Leimkraut oder Mäusedorn *(Pungitopo)*. Und wir wären nicht in einer traditionellen Osteria, würde es nicht auch anständige Cjarsons oder Frico geben. Esel und Schnecken werden auch empfohlen, haben wir aber noch nicht probiert. Kulinarische Feiglinge? Wir doch nicht! Das nächste Mal wird alles gekostet, versprochen. Zuvor sorgt Roberto, dass der Wein nicht tröpfelt, sondern fließt. Die Auswahl mit über 700 Etiketten ist schließlich enorm. Alles in allem: sehr empfehlenswert!

Antica Bettola da Marisa
Via Coseano 1
Fraz. Rodeano Basso
33030 Rive d'Arcano
Tel. (+39 0432) 80 70 60

Antica Osteria Al Gnotul
Gemütliche Osteria mit guter Hausmannskost in besonders herzlicher, familiärer Atmosphäre.

Via Roma 25
33030 Rive d'Arcano
Tel. (+39 0432) 80 94 70

Traditionelle Brotbackkunst

Forno Arcano

Täglich frisches **Brot und Gebäck.** Hier wird nur mit biologischen Zutaten gearbeitet. Bekannt für das »Pan de sorc«, ein süßes Würzbrot, das zur Weihnachtszeit gereicht wird.

Via del Cristo 8
33030 Rive d'Arcano
Tel. (+39 0432) 80 93 48

Arcania

Frisches, fruchtiges **Olivenöl** extravergine vom Weingut »Castello di Arcano«.

Arcano Superiore 11/c
33030 Rive d'Arcano
Tel. (+39 0432) 80 95 00
www.castellodiarcano.it

De Mezzo

Grappa, **Edelbrände,** Liköre. Sechs verschiedene Linien z. B. Grappa aus Refosco, Verduzzo, Chardonnay, Edelbrand aus Fragolino, wunderbare Riservas, Grappas und Edelbrände in Holz. Edle Glasflaschen. Die Destillerie gehört zu Pali Wines, Castello di Spessa.

Loc. Fornaci De Mezzo
33030 Rive d'Arcano
Tel. (+39 0432) 80 01 29

Heustadel-Romantik

Eigentlich wollten wir in einem unserer erklärten Lieblingslokale essen, dem »Laite« in Sappada. Warum Sie dieses grandiose Restaurant nicht in diesem Buch finden? Weil es leider schon in der Region Veneto liegt, und nicht in Friaul-Julisch Venetien. Jedoch würde die perfekte Küche von Fabrizia Meroi es auf jeden Fall rechtfertigen, an dieser Stelle zu schummeln.

Jedenfalls ist ein anderes Restaurant, nämlich das »La Fuêo« der Geschwister Emanuela und Tiziano Gortan Cappellari schuld, dass wir schon tüchtig satt und mehr als zufrieden in Sappada ankommen. Das winzige Lokal liegt kurz vor der Ortschaft Rigolato, wenn man von Tolmezzo kommt. Einfach die abschüssige Straße rechts einbiegen. Und weiterfahren, dorthin, wo sich Fuchs und Hase gute Nacht sagen. In unserem Fall sagt dies laut der Bär, mit dem ich plötzlich vor dem Steinhaus stehe. Mitten im Grünen, umgeben von Wald und Wiese. Tatsächlich handelt es sich um einen ehemaligen Heustadel, der einzigartig restauriert und als Trattoria adaptiert wurde. Drinnen: überall gemütliche Ecken, helles Interieur mit viel Holz, gekalkten Steinwänden und schönem Sichtgebälk.Wenn die Temperaturen es zulassen, sitzt man übrigens draußen.

Die Küche? »Cara Carnia« lässt grüßen. Unter anderem in Form von köstlicher Salami, Speck, Prosciutto aus Sauris, Montasio-Käse und Pilzen. Großartig schmecken die Rollgerstensuppe mit Pilzen sowie die gefüllten Teigtaschen mit Steinpilzen. Auf der Speisekarte entdecken wir auch Nudelfleckerln *(Blecs)* im Pfandl, mit geräuchertem Ricotta und Käse, Mohnknödel, außerdem Gnocchetti mit Speck und Pilzen. Bei den Hauptgerichten dominiert Fleisch: Koteletts, Kalbsbraten, gefüllter Schweinsbauch, Rindersteaks, Wildschwein usw. Dazu wird gegrilltes Gemüse oder Polenta serviert. Bei den Dolci fragen Sie nach der Eistorte. Die gibt es aber nicht immer. Einfache, aber köstliche Desserts sind auch der Apfelstrudel oder die *Crostata* mit Früchten. Die Weinauswahl ist durchaus überschaubar, umfasst aber fabelhafte Tropfen (tolle Preise!) aus den Gebieten Collio und Colli Orientali.

Und Sappada? Da hoffen wir wahrscheinlich vergebens, dass wir bis zum grandiosen Abendessen unser Mittagessen verdaut haben.

La Fuêo
Fr. Valpicetto, Loc. Varzella
33020 Rigolato
Tel. (+39 0329) 975 45 30
www.lafueo.it

Azienda Agricola Ceconi Roberto, Stefani Paola

6 Kilometer nördwestlich von Rigolato findet man die Käserei der »Malga Tuglia«. Optimal gereifter **Bergkäse.** Auch kräftige Bauernbutter.

Via Sappada 1, 33020 Forni Avoltri
Tel. (+39 0433) 721 53

Polenta con ricotta affumicata

Polenta mit geräuchertem Ricotta

Die traditionelle Polenta wird nur mit Wasser und Salz in einem Kessel gekocht und fast eine Stunde lang gerührt, bis sie zu stocken beginnt. Danach wird die Polenta auf ein Holzbrett gestürzt und im ausgekühlten Zustand mittels einer festen Schnur geschnitten. Hier ein schnelles Rezept für eine besonders cremige Polenta.

Zutaten für 4–6 Personen:
- **500 ml Wasser**
- **200 ml Milch**
- **150 ml Sahne**
- **2 EL Olivenöl**
- **50 g Butter**
- **5 EL Polentagrieß (ca. 90 g)**
- **Salz, Pfeffer**
- **2 EL Parmesan**
- **100 ml braune Bröselbutter**
- **ca. 250 g kompakter geräucherter Ricotta**

Zubereitung:

Den Polentagrieß mit Wasser, Milch, Sahne, Butter und Olivenöl aufkochen. Mit Salz und Pfeffer würzen und den Parmesan einstreuen. Unter ständigem Rühren ca. 5–8 Minuten zu einem suppigen Brei einkochen.

Anrichten:

In die Mitte der vorgewärmten Teller gießen. Etwas geräucherten Ricotta über die Polenta hobeln und mit heißer brauner Bröselbutter umgießen.

Flaschenpost, und dann Abflug

Was der Bär und ich für ein ruhiges Familienessen brauchen? Einen Sack »Clics«. Ja, Sie haben richtig gelesen. Das ist ein fantastisches Steckspiel, die Bären-Buben lieben es. Schleichwerbung? In diesem Fall, gerne! Dank »Clics« können der Bär und ich nämlich ein paar Gänge in aller Stille und vor allem warm essen, ohne die Kinder mit »iPad« oder einem tragbaren DVD-Player bedüdeln lassen zu müssen. Wir leeren die Bausteine einfach unter den Tisch und schon geht es los mit Flugzeug- und Raketenbau. Auch im Restaurant »Al Ferarut« in Rivignano, diesem wunderbaren, eleganten Lokal mit seinen ausladenden runden Tischen und dem Fogolar, 33 Kilometer südwestlich von Udine.

Die Küche führt der Junior Alberto Tonizzo. Und der ist nicht von schlechten Eltern. Schließlich haben Guerrino und Carla Anastasia Tonizzo diesen bekannten Betrieb aufgebaut. Alberto ist Barman, Sommelier und ein grandioser Koch. Als Weitgereister brachte er so einiges mit in die Heimat. Trotzdem hat es der Spitzenkoch geschafft, aus dem Gesehenen eine eigene Küchenlinie zu kreieren. Diese gründet sich auf heimische Produkte, zeigt sich jedoch top-modern. Trotzdem kocht Alberto keinem Trend hinterher – er weiß auch so, wie man Gerichte in Szene setzen muss.

So bleibt das Amuse-Gueule, ein Milcheis auf geriebenem Montasio-Käse mit krossen Puffreis-Croutons, lange in Erinnerung. Was uns gefällt, sind die gewagten Kombinationen ohne Berührungsängste, Neues auszuprobieren.

Und Witz hat die Präsentation der Gerichte auch. So werden die rohen und marinierten Fische auf einer gläsernen Flaschenpost serviert. Inklusive Sand und Schatzkarte.

Apropos Fisch: Keine halbe Stunde braucht das Meeresgetier von Marano Lagunare auf die Teller von Alberto. Die Gänseleber – ein zarter Traum mit gehobeltem Rotkraut, roten Zwiebeln und gesüßtem Frischkäse. Und der Ochsenschlepp als Krönung. In einer feinen Maiskruste, mit Kakao und weißem Kohl. Sehr imposant, wenn Alberto mit seinem Team im Konvoi mit dem Käsewagen aus der Küche gefahren kommt: Gorgonzola aus Tarvis, Montasio, Asìno, Formadi Frant, Ubriaco, Caciotta mit Salbei und Basilikum usw. Dazu natürlich exquisite Tropfen, von Vater Guerrino Tonizzo mit großem Wissen ausgesucht.

Ach, und das riesige Flugzeug, die kunterbunte Rakete und die Startrampe unter dem Tisch? Die Bären-Buben sind, so scheint's, fertig mit Clics-Spielen und abflugbereit. Wir auch, denn wir haben das deliziöse Dolce »Tutto al caffè« bereits in vollen Zügen genossen. Kaffee in vier Varianten: als Eis, Cremino, Cannolo und Granita. Jungs, perfektes Timing!

Al Ferarut
Via Cavour 34
33050 Rivignano
Tel. (+39 0432) 77 50 39
www.ristoranteferarut.it

Dal Diaul

Teuflisch gut essen ist in diesem eleganten Restaurant: »Dal Diaul« ist Friulanisch und bedeutet »Zum Teufel«. Am Eingang weisen schon die besten Tropfen den Weg ins Lokal. Saisonale, regionale Fleisch- und Fischküche.

Via Garibaldi 20
33050 Rivignano
Tel. (+39 0432) 77 66 74, www.daldiaul.com

Al Morarat

Chef Simone Soncin serviert ein herrliches Beef Tartar, Tortelli mit Speck und Radicchio, Wolfsbarsch mit Gemüse, und Käsesorten der Region.

Via G. Leopardi 15
33050 Rivignano
Tel. (+39 0432) 77 63 35

Osteria mit Stern

Weil sich der Bär zum Geburtstag wirklich mehr verdient hat als ein Nullachtfünfzehn-Geschenk wie Parfum, Sockenhalter oder einen Pyjama, lade ich ihn in die Osteria Altran ein. Osteria klingt bescheiden? Aber nicht in diesem Fall. Hier verbirgt sich hinter dem Wort »Osteria« eines der sagenhaftesten Restaurants der Region. Mit einem Michelin-Stern geschmückt, der über der Küchenleistung von Alessio Devide strahlt. Zwischen Cervignano (8 Kilometer) und Monfalcone (11 Kilometer) hat Geschäftsmann Guido Lanzellotti seinen Gastronomietraum verwirklicht. Ruhig neben dem kleinen See »Lago la Draga« auf über 20 Hektar gelegen, pilgern Feinschmecker in dieses idyllische Landgut. Es mutet museal an, fällt hier doch der erste Blick auf historische Kutschen, Radiogeräte sowie antiquarische Bücher. Der Innenhof ist romantisch verwachsen – wahrlich stimmungsvoll. Das ist Lebensstil *all'italiana!*

Die Küche von Sternekoch Devide basiert auf Fisch sowie Fleisch. Er spielt gerne mit den Konsistenzen und jedes noch so gestandene Gericht wie zum Beispiel Gulasch wird neu interpretiert. Die Kombinationen sind handwerklich makellos und geschmacklich durchaus intensiv. Sehr leicht die marinierten Scampi auf Couscous mit Gemüse, die sepia-geschwärzten Tortelli, der Tintenfischsalat. Wunderbar das Kalb in der Kräuterkruste. Als Abschluss folgt ein Tiramisu mit Bananen mit einem Sorbetto aus Litschi. Faszinierend das Weinwissen von Guido Lanzellotti. Da stoßen wir gleich noch einmal auf das Geburtstagskind an. Wie alt der Bär geworden ist? Über das Alter spricht man selbst bei Bären nicht.

Osteria Altran
Località Cortona 19
33050 Ruda
Tel. (+39 0431) 96 94 02

Prickelnde Perlen in der Mini-Serenissima

Mich schmücken keine güldenen Geschmeide, an meinem Arm baumeln selten Taschen namhafter Designer, mein Lancia Ypsilon hat fast zehn Jahre unter seiner Motorhaube und ich trage mit Vorliebe die vierzig Jahre alten Dirndlkleider meiner Schwiegermutter auf. Die einzigen Luxussorgen, die ich habe: Ich trinke leidenschaftlich gerne Champagner und Schaumwein. Diese Leidenschaft teile ich übrigens mit Giampiero dalla Torre, dem

Padrone des Restaurants »Il Pedrocchino« in Sacile. Der extravertierte Italiener hat in seinem Weinkeller mehr als 60 000 Flaschen lagern. Davon eine stattliche Sammlung an Champagner und italienischen Spumantes.

Giampiero dalla Torre und ich sind uns auf jeden Fall einig, dass man Champagnerflöten am besten als Blumenvasen verwendet. Und, dass man in die klassischen Champagnerschalen allerhöchstens Shrimps füllen sollte – und nicht das berühmteste Getränk der Welt. Denn wir schlürfen den Edel-Sprudel ausschließlich aus Weißweingläsern. Die feinen Perlen von Krug, Pol Roger, Bollinger, Alfred Gratien, Henri Giraud, Jacques Selosse und wie sie alle heißen. Zugegeben, nur zu besonders schönen, feinen Anlässen. Oder um das Leben

zu feiern. Wie hier in Sacile, der hübschen 20 000-Einwohner-Stadt, westlich von Pordenone. Sacile wird auch »Klein-Venedig« genannt, da sich der Fluss Livenza hier in der Stadt verzweigt und ihr ein lagunenhaftes Aussehen verleiht. Mitsamt Kanälen, Palazzi und Gärten sowie Treppen, Brücken, Bögen und Eingängen, die oft direkt am Wasser liegen.

In einem Palazzo aus dem Mittelalter findet man das bekannteste Restaurant der Stadt, das »Il Pedrocchino«. Hier stimmt jedes Detail, alles zeigt sich sehr elegant und einfach zum Wohlfühlen. Gastgeber sind das Ehepaar Donatella Isola und der leutselige Giampiero dalla Torre. Sohn Paolo gibt als Küchenchef die kulinarische Linie vor – eine mediterrane, kreative und zeitgemäße Fischküche. So beginnt man am besten mit rohen Scampi und Canestrelli. Oder mit einer Meeresspinne und Krebsen. Weitere schmackhafte »Rohheiten« werden in Form von Tartar, Carpaccio und Sashimi serviert. Aus Fisch, der nur wenige Stunden vorher vom Papa von der Adria geholt wurde. Branzino, Brassen, Steinbutt usw.

Für mediterranes Flair auf dem Teller sorgen frische Kräuter, Tomaten und Olivenöl sowie das herrlich leichte

Zitronen-Basilikum-Sorbetto. Einwandfreies Handwerk: die gefüllten Teigtaschen sowie die sämig-suppigen Risotti. Im Herbst heißt es wiederkommen – da lockt die Trüffelküche! Was es sonst noch gibt? Alles lässt sich hier gar nicht aufzählen, aber die schmucken Gästezimmer und den tipptopp-gepflegten Innenhof mit Brunnen will ich Ihnen nicht vorenthalten. Genauso wenig wie die Tatsache, dass mein alter Lancia Geschichte ist, wenn dieses Buch ein Bestseller wird.

Il Pedrocchino
Piazza IV Novembre 4
33077 Sacile
Tel. (+39 0434) 700 34
www.ilpedrocchino.it

Le Contrade

Moderne Osteria in der Nähe des Doms. Mit tollem Ambiente, in jeder Ecke findet sich ein Lieblingsplatz. Kreative Gerichte, regionale Produkte. Fleisch, Fisch, Meeresfrüchte sowie vegetarische Speisen. Weinkarte: über 300 Etiketten.

Via Puiatti 4
33077 Sacile
Tel. (+39 0434) 73 45 25
www.ristorantelecontrade.it

La Piola

Zentral gelegene »Hostaria con cucina« auf der weitläufigen Piazza del Popolo, gegenüber dem Rathaus. Legeres und trotzdem elegantes Lokal.

Piazza del Popolo 9d
33077 Sacile
Tel. (+39 0434) 78 18 93
www.lapiolasacile.it

Valscura

Die Kleinbrauerei »Valscura« braut verschiedenste **Biere.** Unter anderem dunkles Bier nach belgischer Art, Kastanienbier. Aushängeschild: »Fich« – Feigenbier. Verkostungen und Verkauf. 6 Kilometer nordöstlich von Sacile.

Via Santissima 5
33070 Sarone di Caneva
Tel. (+39 0434) 770 45
www.valscura.com

Azienda Agricola Bruno Casagrande

In Caneva gibt es drei Ölmühlen. Eine davon gehört Bruno Casagrande. Durch das förderliche Mikroklima gedeihen die Olivenbäume hier prächtig. Das **Olivenöl** »Olio dei Dogi« stammt aus biologischem Anbau. 4 Kilometer nördlich von Sacile.

Via Pasubio 19
33070 Fiaschetti di Caneva
Tel. (+39 0434) 77 90 66
www.oliodeidogi.it

Cjarsons für Kenner

Als Kärntner hat man bekanntlich einen gewissen Hang zu gefüllten Teigtaschen, schließlich sind sie das eigene »Nationalgericht«. Im Friaul sagt man zu den traditionell gefüllten karnischen Nudeln »Cjarsons« und Kenner werden jubeln. Fantastische Cjarsons werden in der »Osteria di Tancredi« in San Daniele serviert. Darauf dürfen Gastgeberin Silvia Clochiatti und Tochter Guendalina sehr stolz sein. Die Fülle? Variiert je nach Jahreszeit, von süß bis pikant. Die beiden Damen haben sich in ihrer kleinen, gemütlichen Osteria im Zentrum von San Daniele dem Geschmack des traditionellen Friauls verschrieben. Dazu gehören selbstverständlich der Prodciutto crudo, Salami, Käse, geräucherte Forellen, Speck usw. Auf der Speisekarte entdecken wir Bohnensuppe mit Rollgerste, Frico, Schnecken, Gulasch, Tagliolini mit Prosciutto, Kaninchen. Süßes? Wir empfehlen die »Torta di pane« mit Rosinen und Vanillecreme.

L'Osteria di Tancredi
Via Monte Sabotino 10
33038 San Daniele
Tel. (+39 0432) 94 15 94
www.osteriaditancredi.it

Da Scarpan

Beliebtes Restaurant in der Altstadt von San Daniele. Spricht nicht nur Feinschmecker an, sondern auch Nachbarn, die auf ein Gläschen Wein vorbeikommen. *(Fotos rechts)*

🐖 **Via Garibaldi 41**
   33038 San Daniele
   Tel. (+39 0432) 94 30 66
   www.dascarpan.it

Da Catine

Gestandene friulanische Trattoria mit typischer Küche wie Kutteln, Baccalà, *Musetto con la brovada* (gekochte Wurst mit gesäuerten Rüben), Kaninchen und natürlich jede Menge Prosciutto crudo.

🐖 **Aonedis 78**
   33038 San Daniele
   Tel. (+39 0432) 95 65 85
   www.dacatine.it

Ai Bintars

Beliebtes, uriges Prosciutto-Lokal mit gemütlicher Atmosphäre. Traditionelle friaulische Trattoria mit freundlichen Wirtsleuten. Zum Rohschinken gibt es in Öl eingelegte Artischocken, Pilze sowie Montasio-Käse.

🐖 **Via Trento e Trieste 67**
   33038 San Daniele
   Tel. (+39 04 32) 95 73 22
   www.aibintars.com

DOK Dall'Ava

Über die Grenzen hinaus bekannter, großer Prosciutto-Produzent. 2010 wurde die neue **Prosciutteria** mit Spezialitätenladen eröffnet. Sogar die Gebäudefassade erinnert an den Schinken. Neben verschiedenen Varianten des berühmten San-Daniele-Prosciuttos gibt es auch Schinken von Rind, Lamm, Hirsch, Wildschwein, Truthahn, Gänsen, Enten usw. Mittlerweile zahlreiche Franchise-Läden in Italien, Frankreich, Österreich usw.

🐖 **Via Gemona 29, 33038 San Daniele**
   Tel. (+39 0432) 94 02 80, www.dokdallava.com

Boutique dell'Alimentare

Das ist nicht nur ein Laden, das ist eine **»Lebensmittel-Boutique«.** Die vielen Salami-Stangen am Eingang locken zwangsläufig ins Geschäft, wo das Beste der Region wartet: natürlich Prosciutto in rauen Mengen, Wurst, Grappa, Käse, Wein, Gubana, Olivenöl, Pasta.

🐖 **Piazza Vittorio Emanuele 20**
   33038 San Daniele
   Tel. (+39 0432) 95 70 48
   www.boutiquealimentare.net

Bottega del Prosciutto

Feiner Laden mit einer umfangreichen Auswahl an Wein, Wurst, Käse und vor allem dem eigenen **Levi-Prosciutto.**

🐟 **Via Umberto I 2/4**
   33038 San Daniele
   Tel. (+39 0432) 95 70 43
   www.bottegadelprosciutto.com

Prosciutto-Produzenten

Die gesamten Prosciutto-Produzenten von San Daniele finden Sie auf einen Blick auf der Internetseite

🐟 **www.prosciuttosandaniele.it**

Friul Trota

Ausgezeichnete **Fisch-Produkte.** Aushängeschild ist die »Regina di San Daniele«, geräucherte Lachsforellenfilets. 14 verschiedene Forellen-Spezialitäten dazu Meeresfisch-Produkte wie Goldbrasse, Thunfisch, Barsch, Makrelen usw.

🐟 **Via Aonedis 10**
   33038 San Daniele del Friuli
   Tel. (+39 0432) 95 65 60
   www.friultrota.net

Birrificio di San Daniele

2003 begannen Andrea Minisini und Gianni Nicli **Bier** zu brauen, 2010 wurde die Brauerei gegründet. Das »Malo Oro«-Bier gibt es in drei Sorten.

🐟 **Viale Kennedy 35**
   33038 San Daniele del Friuli
   www.birrificiodisandaniele.it

Ueli. Associazione Olivicultori San Daniele

22 **Olivenöl-Hersteller** haben sich zusammengeschlossen. Sie verkaufen ihr kalt gepresstes, mildes Öl unter der Marke „Ueli". Auf der Rückseite des Etiketts steht, von welchem Produzenten das Öl stammt.

🐟 **Via Agarat 63**
   33038 Villanova di San Daniele di Friuli
   Tel. (+39 0432) 95 61 23

Frantoio Rino Lizzi

Verkostung und Verkauf von **Olivenöl.** Besichtigung der Ölpresse möglich.

🐟 **Via Pellegrino di San Daniele 3**
   33030 Pignano di Ragogna
   Tel. (+39 0432) 95 74 64
   www.frantoiorinolizzi.it

Bruschetta, Baccalà & Prosciutto

Jeder hat Hobbys. Ich esse und trinke gerne. Das verbindet mich mit dem Bären. Nach dem Essen trainiere ich meinen Sitzmuskel vor dem Computer, der Bär erklimmt indes Berge, turnt eineinhalb Stunden auf der Yogamatte herum oder läuft, so weit ihn seine Pfoten tragen. Letzteres ist praktisch, kommt er doch meist mit reichlich Beute von seinen Laufrunden zurück: einem Sack frisch gepflückter Bachkresse, einem Sträußchen Veilchen oder, in diesem Fall, mit einem sensationellen Lokaltipp.

Wir weilen in San Martino al Tagliamento, da saust der Bär einige Kilometer durch das Schwemmgebiet der friaulischen Tiefebene zwischen Meduna und Cellina nach Rauscedo, wo man die bekannteste Rebschule der Welt findet, und landet schließlich in San Giorgio della Richinvelda. Genauer gesagt vor dem »Il Favri«. Die traditionelle Osteria ist aber kein Geheimtipp, sondern eine kulinarische Institution. Das wussten wir allerdings erst später. Schlicht, einladend, gemütlich. Eine gute halbe Stunde Autofahrt von Udine entfernt.

Gastgeber Mauro D'Andrea sorgt für eine ausgesprochen familiäre Atmosphäre und serviert Gerichte nach bester Slow-Food-Manier: Bruschetta, Gänsewurst, Prosciutto aus San Daniele, Baccalà, marinierte Sardellen als Antipasti zum Beispiel. Dann geht es weiter mit gefüllten Crespelle, Gnocchi, Frico, hausgemachten Teigtaschen. Die Hauptgerichte sind sehr fleischbetont: Tagliata vom Rind oder Kalbswangerln. Wichtige Eiweiß-Lieferanten für Sportskanonen. Die Ricotta-Torte ist leider aufgegessen, die *Crostata* mit Birnen der beste Ersatz. Den Weinen wird viel Platz eingeräumt: So wählen wir aus über 400 verschiedenen Etiketten aus dem Friaul und ganz Italien. Interessant: Padrone Mauro D'Andrea hat zahlreiche regionale, kleine Winzer im Gebiet um Rauscedo im Programm. Da nickt der Bär bei jedem Glas zustimmend. Schließlich kennt er einige der Weingüter bereits vom Vorbeilaufen. Würde ich auch irgendwie gerne. Aber – Sport ist für mich Mord.

Il Favri
Via Borgo Meduna 12, Loc. Rauscedo
33095 San Giorgio della Richinvelda
Tel. (+39 0427) 940 43

An der Angel

Der Bär kostet von den rohen Scampi, den Garnelen, dem Branzino und ich sehe nur noch das Weiße in seinen Augen. Das bedeutet: gut ist's. Nein, fantastisch! Hier locken nämlich rohe Fische und Meeresfrüchte der besonderen Art. Schließlich ist das »Campiello«, 8 Kilometer vor Cormòns, eine gastronomische Institution, gekrönt mit einem Michelin-Stern, die immer wieder für kulinarische Erlebnisse gut ist.

Und so sitzen wir einmal mehr in diesem eleganten Restaurant, im persönlichen Wohnzimmer der Familie Macorig. Wirt Dario ist bekannt für seine begeisternde, mitreißende Art im Umgang mit den Gästen. Seine Lieblingsthemen: Kunst und Wein. Schließlich versteht er sich darauf bestens. Das Lokal quillt über an zeitgenössischer Kunst und im Weinkeller lagern an die 30 000 Flaschen. Für die familiäre Atmosphäre sorgt Ehefrau Marisa.

Die Küche besticht durch ihre abwechslungsreichen, leichten und delikaten Gerichte. Schlichtweg außergewöhnlich: die Fisch-Qualität. Er wird zwei Mal pro Tag ins »Campiello« geliefert. Das sagt über die Frische eigentlich schon alles. Dass es hier auch Fleischgerichte gibt, ig-

norieren wir meist, dies aber ohne Grund, denn sie schmecken vorzüglich. Stattdessen wählen wir Fisch und Meeresgetier in unzähligen Gängen. Roh, gegart, gegrillt, mal mit Kichererbsen, mal mit Büffelmozzarella oder Ziegenricotta und meist mit frischem Gemüse kombiniert.

Zum Restaurant gehören auch das Hotel sowie die Osteria. In unkompliziertem Rahmen, mit schöner, schlichter Tischkultur, werden einfache, köstliche Speisen aus der Fisch- und Fleischküche serviert. Zu empfehlen sind die feinen Antipasti-Teller, das Risotto mit Spargel, hausgemachte Pasta, die Tagliata vom Rind, usw. Und als Dessert gibt es cremige Schokolade sowie »Croccantino« mit Karamell, Vanille und Schokolade.

Campiello
Via Nazionale 40
33048 San Giovanni al Natisone
Tel. (+39 0432) 75 79 10
www.ristorantecampiello.it

Livio Pesle, Everygreenlife

Livio Pesles **Gelees** auf Weinbasis (z. B. Picolit), seine fein gewürzten **Saucen,** sein original Bloody Mary Tomato Ketchup usw. kann man in einigen Gourmetläden Europas kaufen. Spannend sind die Produkte seiner neuen Firma »Everygreenlife«: »Olivum« heißt der Olivenblätteraufguss, »Osprint« der Energydrink aus dem Olivenblätteraufguss. Auch als Shot oder Jelly. Sogar Hautcremes.

🐟 **Via Abbazia 11**
   33048 San Giovanni al Natisone
   www.liviopesle.com, www.olivum.info

Nonino Distillatori

Eine der besten und bedeutendsten Destillerien Italiens. Seit 1897 und fünf Generationen stellt Familie Nonino **Grappa** her. Die edlen Destillate fehlen in keinem guten Restaurant und sind eine Klasse für sich. Sie waren die ersten, die Trester verschiedener Weinberge getrennt destillierten. Legendärer Picolit. Unser Favorit: weicher, runder Merlot-Grappa. 7 Kilometer westlich von San Giovanni al Natisone.

🐟 **Via Aquileia 104**
   33050 Percoto
   Tel. (+39 0432) 67 63 31, www.grappanonino.it

Weltklasse: Die Nonino-Schwestern und ihre Destillerie.

Salumificio Dentesano

Unweit der Destillerie Nonino finden Sie den Familienbetrieb »Dentesano«. Hier werden typische friaulisch Fleischwaren allerhöchster Qualität produziert: Prager Schinken, Salami, Prosciutto crudo, Soppressa, gerollter Speck (*Pancetta arrotolata*). Aushängeschild: der saftige Schinken im Brotteig, *Cartoccio*.

🐟 **Via Aquileia 89, 33050 Percoto**
   Tel. (+39 0432) 67 63 97, www.dentesano.it

Schianch

Außergewöhnlich gute Gelees, Senf, Honig, Kräutertees, Chutneys, Salze. **Top-Marmelade** mit hohem Fruchtanteil. Lieblingssorten: Erdbeere mit Minze, Birnen und Ingwer, Trauben, Lavendel, Feigen, Zwetschken usw. Edel verpackt.

🐟 **Via Cividale 42, 33044 Manzano**
   Tel. (+39 0432) 75 13 51, www.schianchitalia.com

Azienda Agricola Asperum

Die Balsameria der Familie Midolini hat ihren Sitz in den Weinbergen zwischen Manzano und Buttrio und sie gilt als größte der Welt. **Balsamessig** »Asperum« aus eigenen Trauben. Der älteste Tropfen ist an die fünfzig Jahre alt. Auch Wein und Grappa.

🐟 **Via delle Fornaci 1, 33044 Manzano**
   Tel. (+39 0432) 75 45 55, www.midolini.com

Azienda Agricola Livon

Familie Livon ist eine der bekanntesten Weinbau-Familien des Friauls. Kalt gepresstes **Olivenöl** in Bestform. Gleich einpacken: **Wein, Grappa.**

🐟 **Via Montarezza 33**
   33048 Dolegnano
   Tel. (+39 0432) 75 71 73, www.livon.it

Jung und alt

Das mögen wir. Schon bei der Ankunft sind wir Teil einer Familienfeier. Dieses Mal: die Taufe des kleinen Marios. Das Restaurant ist rappelvoll, fröhliches Geschnatter, Kinder trippeln, Gläser klingen und wir sehen schon bald knallgelbe Crespelle mit fein gehackten Kräutern und ein zartes Perlhuhn auf den Tellern liegen. Und eine cremige Tirsmisu-Torte wird auch noch vorbeigetragen.

Was für ein Kontrast – dieses alte, traditionelle Bauernhaus und seine junge, moderne Besitzerin. Raffaella Lenarduzzi führt das wunderschöne Anwesen, es liegt 6 Kilometer nördlich von Valvasone, 11 Kilometer südlich von Spilimbergo. Mit einem weitläufigen Garten, umgeben von Weinreben und Gemüsefeldern, nicht weit dahinter ein kleiner Wald. Also mitten im

Idyll. Hier ist der Luxus des Einfachen zuhause. Zum renovierten Haus gehören das Restaurant, elf Gästezimmer, ein Kinderspielplatz sowie das Nebengebäude, in dem sich eine Bar und der Frühstücksraum befinden. Im Sommer kann man hofeigene Produkte kaufen, oder man blinzelt auf der großen Terrasse der Sonne entgegen. Im Winter macht man es sich auf dem ledernen Chesterfield-Sofa bequem und blickt stundenlang ins offene Kaminfeuer.

Raffaella ist nicht nur die Besitzerin, sondern auch studierte Juristin, feinsinnige Sommelière und passionierte Köchin. »Was soll ich mit den Gesetzen machen?«, zuckt sie mit den Achseln. »Ich liebe meine Arbeit hier.« Spürt man, schmeckt man. Schon als Kind hat die sympathische Italienerin ihrer Mutter, die Metzgerin ist, beim Fleischverarbeiten geholfen. »Das war für mich das Größte.«

In der Restaurant-Küche steht Raffaella ein kleines, junges Team von zwei Köchen (Filippo Marin, William Barbui) zur Seite. Die Gerichte? Klassisches mit kräftigen Aromen auf der einen Seite, Kreatives mit viel Gemüse auf der anderen Seite. Aufzählung gefällig? Frico mit Kartoffeln oder Äpfeln, Gnocchi mit Entenragout, Risotto verde, Schweinsbraten oder auch -stelzen, Kaninchen und im Herbst jede Menge Wild und Pilze. Raffaellas persönliche Leidenschaft: die Pastagerichte. Allein beim Erzählen rollt sie in Gedanken bereits den Teig aus. Tagliatelle mit Speck aus Sauris und Käse, Teigtaschen mit Kürbis und Montasio-Käse, Bandnudeln mit Pesto und Brokkoli, Bigoli mit Salsicce und Radicchio usw.

Außerdem baut Raffaella Gemüse an und züchtet Hühner, Enten sowie Kaninchen. Also null Kilometer Anreise für viele der Lebensmittel. Der Wein? Stammt ebenso aus der Nachbarschaft. Als Sommelière schwärmt die Italienerin für das DOC-Gebiet Friuli Grave. Die Weinkarte ist auch üppig mit den Flaschen aus dieser Region bestückt. Die Ader für einen guten Tropfen hat Raffaella von ihrem Vater, der in der bekannten Rebschule in Rauscedo arbeitet, der größten Rebveredelungsstätte der Welt. Raffaella wird sie uns zeigen.

Zuvor gibt es noch Süßes – eine ausgezeichnete Tarte mit Früchten oder Marmelade, lauwarme Schokoladetörtchen sowie Orangenkuchen. Von der Tiramisu-Torte ist leider kein Bissen übrig geblieben. Trotzdem, *auguri!*

Il Bosco di Arichis
Via Richinvelda 1
33098 San Martino al Tagliamento
Tel. (+39 0434) 88 97 98
www.ilboscodiarichis.it

Ich glaub', ich werd' ein Schwammerl

Just als mir der ältere, weißhaarige Herr an der Theke verraten will, wo es die besten Schwammerlplätze gibt, werden wir zu Tisch gebeten. Der Bär und ich sind für ein Mittagsessen ziemlich früh dran, ein später Vormittag in San Quirino, 10 Kilometer nördlich von Pordenone. Deshalb stehen wir schon seit einer Stunde in der Osteria »Alle Nazioni« und lassen uns von Padrone Roberto Canton den einen oder anderen Friulano aus der Zapfsäule eingießen. Tochter Emanuela deckt die Tische, ihr Mann Pier krempelt die Ärmel hoch und richtet sich die Schürze.

Gewachsene Familienbetriebe können was. Vor allem dieser außergewöhnliche Betrieb, der seit 1873 von Generation zu Generation weitergegeben wird. Und in dem die ganze Familie mit Wissen, Talent und Herz mithilft. Das Feinschmecker-Restaurant »La Primula« hält sich seit Jahren an der Spitze der gehobenen Küche in Friaul-Julisch Venetien, die Osteria »Alle Nazioni« ist die einfachere Dependance. Beide befinden sich im selben Gebäude, jedoch mit getrennten Eingängen. Neun Gästezimmer gibt es auch.

In der Osteria werden Klassiker der friaulischen Küche hochgehalten, im »La Primula« wird großes kulinarisches Kino geboten. Dafür ist Küchenchef Andrea Canton verant-

wortlich. Er zählt aufgrund der »schmeckbaren« Leidenschaft für sein Tun, seiner handwerklichen Perfektion und seiner innovativen Ideen zu den besten Köchen Oberitaliens. Die Gerichte sind leicht und zeitgemäß, kommen aber ohne modische Gags aus. Andreas Prämisse: Den Grundgeschmack der Produkte zu erhalten und auf die Harmonie der verschiedenen Komponenten zu achten. Seine Speisekarte führt vor, was saisonal bedeuten kann, wenn man sich darauf konzentriert.

Andreas Schwester Emanuela und deren Mann Pier lenken den kompetenten, zurückhaltenden Service, während Papa Roberto die Osteria schupft. Pier ist als bekannter Sommelier Herr über 1 600 verschiedene Positionen im Weinkeller. 20 000 edle Flaschen lagern dort in seinem Reich. Das Ambiente im »La Primula«? Eine äußerst gemütliche und stilsichere Mischung aus Tradition und Moderne. Gediegene Möbel, schwarze Designerstühle, moderne Kunst, unzählige Weinflaschen, Skulpturen, Steinwände und frische Blüten machen den Charme dieses Restaurants aus.

Die Weinauswahl legen wir getrost in die Hand von Pier, so macht ein fein prickelnder Spumante aus San Quirino den Anfang. Andrea grüßt aus der Küche mit Scampi im

dezenten Fond und einem Crostino. Weiter geht es mit einem äußerst aparten Gericht: Calamari in feinste Streifen geschnitten, auf einem Nest aus eleganten Artischockenblättern und kleinen Speckwürfelchen. Ein Traum sind die gegrillten Capesante auf Couscous und Linsen, nappiert mit einer Sauce aus grüner Currypaste. Weich und unbeschreiblich zart die gebratene Gänseleber mit Polenta, geräuchertem Ricotta und Nüssen – köstlich! Als Hauptgericht wählen wir eine *Mormora* (Marmorbrasse) aus der Adria. Dazu Scampi, Kartoffelpüree, frisches Olivenöl. Als finaler Genuss kommen ein geflämmter Ricotta-Riegel mit Honig und Mandarinensauce sowie ein Schokoladekuchen mit Schokoladecreme und Vanilleeis auf den Tisch.

Als wir nach Stunden das Restaurant verlassen, werfe ich noch einen kurzen Blick in die Osteria. Vielleicht ist ja der ältere Herr noch da. Der mit den Schwammerlplätzen. Aber ich fürchte, er wird dieses Geheimnis wohl für immer für sich behalten.

La Primula
Via San Rocco 47
33080 San Quirino
Tel. (+39 0434) 910 05
www.ristorantelaprimula.it

Frico-Freuden

Ich will nicht angeben – aber ich bin Frico-Meisterköchin. Da war ich nämlich bei der Gestaltung äußerst kreativ. Ich habe bei dem Rezept meiner grandiosen spanischen Tortilla einfach die Eier gegen Montasio-Käse getauscht und diese Kreation den hungrigen Freunden als Frico vorgesetzt. Mit dem Ergebnis: großes Geschmatze, nahezu Standing Ovations.

Bald wurde ich jedoch eines Besseren belehrt. Als ich im Restaurant »Alla Pace« im Bergdorf Sauris di Sotto den besten Frico Friauls gekostet habe. Außen superknusprig und innen herrlich saftig und weich. Kartoffeln, Käse, Zwiebel, Salz, Pfeffer und ein paar Speckwürfelchen – fertig.

Sauris in den Karnischen Alpen liegt überaus abgeschieden und trotzdem oder gerade deshalb ist es ein bekanntes Touristenziel geworden. 34 Kilometer sind es von Tolmezzo auf der kurvigen, in Felsen gehauenen Straße. Tipp: Beim Stausee durchschnaufen! Sauris ist eine »teitsche Sprochinsel«, sie besteht aus zwei Dörfern, Sauris di Sotto sowie Sauris di Sopra. Auf Deutsch: Unterzahre und Oberzahre. Was beide Dörfer gemeinsam haben, sind die typischen, kraftvollen Bauernhäuser, den schönen Blumenschmuck. Und die meisten Familien heißen Plozzer, Petris oder Schneider. Wie im Restaurant

»Alla Pace«. Seit 1804 serviert Familie Schneider authentische Sauriser Küche. Mit den typischen Produkten wie Speck, Ossocollo, Salami, Lardo, Bauchspeck sowie der bekannte Prosciutto aus Sauris. Ein leicht geräucherter Rohschinken, mit Gebirgskräutern gewürzt.

Die gesamte Familie hilft im »Alla Pace« mit, auch eine Pension mit sieben Zimmern in der Nähe gehört zum Betrieb. Eine Klasse für sich sind die gefüllten Teigtaschen, das Gulasch mit Polenta, die Lasagne mit Leimkraut sowie die grandiose Weinkarte mit namhaften friaulischen und italienischen Etiketten. Mit einem Gläschen in der Hand tratschen wir eine Weile mit der Familie. Als ich so ganz nebenbei erwähne, dass ich liebend gerne Frico koche, muss der Bär schnaufen. Pst, hören Sie ihn? Hören Sie ihn laut lachen?

Alla Pace
Sauris di Sotto 38
33020 Sauris
Tel. (+39 0433) 860 10
www.ristoranteallapace.it

Cjarsons di castagne

Mit Kastanien gefüllte Teigtaschen

Zutaten für 4–6 Personen:

Pastateig:
- 330 g glattes Mehl, Type 480
- 3 Eier
- 2 EL Olivenöl
- Salz
- wenn nötig: 1 EL Wasser

Fülle:
- 200 g geschälte, weich gekochte Kastanien, gehackt
- 30 g Butter
- 2 EL Ramandolo (Süßwein)
- Salz, Pfeffer
- 3 EL frisch geriebener Parmesan
- 1–2 EL Mascarpone
- 4 schwarze, entkernte, feinst gehackte Oliven

Zubereitung Pastateig:

Eier, Olivenöl und Salz in einer Schüssel vermengen. Nach und nach das Mehl dazusieben und so lange verkneten, bis sich der Teig vom Schüsselrand und den Händen löst. Wenn nötig, etwas Wasser zugeben. Der Nudelteig muss schön glatt, fest und zäh sein. Zur Kugel formen, in Klarsichtfolie einschlagen und 60 Minuten kühl stellen. Danach kann er zu jeder beliebigen Pasta verarbeitet werden.

Zubereitung Fülle:

Für die Fülle gehackte Kastanien in Butter anschwitzen und mit Ramandolo ablöschen. Auskühlen lassen. Mascarpone, Parmesan und Oliven verrühren, mit Salz und Pfeffer abschmecken und mit den Kastanien vermengen.

Fertigstellung:

Für die Pasta den Teig mit der Nudelmaschine zu dünnen Platten ausrollen und auf eine bemehlte Arbeitsfläche geben. Den Teig mit einer runden Form ausstechen, ein wenig Fülle (ca. 1/2 EL) daraufsetzen und zu einem Halbmond zusammenklappen. In reichlich siedendem Salzwasser 2-3 Minuten garen.

Anrichten:

Die Cjarsons kreisförmig auf Tellern anrichten und mit brauner Butter beträufeln.

Riglarhaus

Ein gepflegtes Hotelrestaurant mit Fogolar und ursprünglicher Küche.

🐾 **Lateis 3**
33020 Sauris
Tel. (+39 0433) 86 049
www.riglarhaus.it 🛏

Morgenleit

Regionale, karnische Küche wie Frico, gefüllte Teigtaschen, Orzotto usw. Schöne Gästezimmer.

🐾 **Via Sauris di Sotto 59**
33020 Sauris
Tel. (+39 0433) 861 66
www.morgenleit.com 🛏

Prosciuttificio Wolf Sauris

Der berühmte **Rohschinken** aus Sauris wird nur zart geräuchert und mit Gebirgskräutern gewürzt. Auch Salami, Wurst, Speck, Ossocollo usw. Schöner Verkaufsladen.

🐾 **Via Sauris di Sotto 88**
33020 Sauris
Tel. (+39 0433) 86 054
www.wolfsauris.it

Vecchio Sauris Srl

Prosciutto-Paradies, auch **Salami, Speck** und viele andere Köstlichkeiten.

🐾 **Località Gostach**
33020 Sauris di Sotto
Tel. (+39 0433) 86 63 79
www.vecchiosauris.it

Sauris AgriBeer

Vollwertbier »Zahre Beer« aus Sauris in verschiedenen Sorten, vom klassischen Pilsner bis zum geräucherten **Bier** und Hanfbier.

🐾 **33020 Sauris di Sopra 50**
Tel. (+39 0433) 86 63 14
www.zahrebeer.com

Sauris als Feinkostladen

Eindrucksvolles Dörfchen Sauris

Stein für Stein

Wenn Speisekarten in viele Sprachen übersetzt werden, ist oft Vorsicht geboten. Weil meist nicht Einheimische, sondern Touristen die angesprochene Zielgruppe sind. Bei Familie Devetak im Karst ist das jedoch etwas anderes. Hier bedeutet die dreisprachige Karte Besinnung auf die Wurzeln. Denn in diesem geschichtsträchtigen Haus verbinden sich die slowenische sowie die friulanisch-italienische Kultur.

Seit 1870 im Familienbesitz zählt die Lokanda Devetak zu den Fixsternen der Top-Gastronomie. Gabriella und Augustin Devetak haben vier Töchter, denen die Liebe zum Unternehmen und zum Gast bereits in die Wiege gelegt wurde. Obst, Gemüse und Kräuter stammen von den eigenen Feldern, die Tochter Sara mit Ehemann Pavel und Großvater Renato bestellt. Fantastisch die Marmeladen, das eingelegte Gemüse, die Fruchtsäfte usw.

Verantwortlich für die gehobene Karstküche ist Gabriella. Sie hat den Kochlöffel von der Schwiegermutter übernommen. In jedem Gericht zelebriert sie die Verschmelzung der unterschiedlichen Kulturen.

Die Gemüsesuppe, *Selinka,* wird mindestens sechs Stunden lang am Holzofen gekocht, die hausgemachte Pasta, *Mlinci,* im Ofen gebacken. Das Risotto verfeinert Gabriella mit dem berühmten Höhlenkäse »Jamar«, *Supeta* nennt sich das exzellente Hühnerragout. Zu probieren: Kitz und Lamm aus dem Karst, aber auch Wildschwein und Kaninchen. Der Kaninchenrücken wird im Schweinsnetz zubereitet und mit Rosmarinkartoffeln serviert. Die Desserts lassen schnell auf ihre Heimat schließen: Gibanica, Štruklji oder Potica.

Familienstolz ist zu Recht der beeindruckende Weinkeller aus Stein. Großvater Renato hat jeden dieser Steine selbst mit seinen Händen gehauen und dem Keller so seine Form verliehen. Über 14 000 Flaschen aus aller Welt lagern hier. Von Karstweinen bis hin zu internationalen Tropfen.

Lokanda Devetak
Via Brezici 22
Località San Michele del Carso
34070 Savogna d'Isonzo
Tel. (+39 0481) 88 24 88
www.devetak.com

Stilvoll nächtigen: Lokanda Devetak.

Azienda Agricola Kmetija Devetak Sara

Sara Devetaks wundersamer Biogarten im Karst. Es gibt nichts, was hier nicht wächst. Von Oliven über Gartengemüse, Kräuter, Obst, Beeren usw. Daraus werden köstliche Marmeladen, Säfte, eingelegtes Gemüse.

Via Brezici 22
Località San Michele del Carso
34070 Savogna d'Isonzo
Tel. (+39 0481) 88 24 88
www.devetak.com

Nix mit High Heels!

Ladys, ich sage es gleich: 11-Zentimeter-Stilettos bitte zu Hause lassen! Denn das Pflaster in der westfriulanischen Kleinstadt Spilimbergo zu bewältigen, gleicht einem einzigen Hindernislauf. Das Ziel ist jedoch lohnenswert: das über und über bunt bemalte Castello, das herrschaftliche Schloss der Spengenberger.

Hier kocht im Gourmetrestaurant »La Torre« Marco Talamini groß auf, es gehört zur gastronomischen Spitze der Region Friaul-Julisch Venetien. So farbenfroh wie die bekannten Mosaike von Spilimbergo, so schön auch die angerichteten Speisen auf dem Teller. Klassiker sind Baccalà und *Toç in braide*, geschmackvoll und zeitgemäß interpretiert. Zart die gegrillten Capesante auf *Orzotto* sowie die *Mazzancolle* (Garnelen) mit einer Creme aus Leimkraut. Eine Freude die schwarzen Tagliolini mit Sepia-Tinte und einem Ragù aus Tintenfisch. Als Hauptgang wählt man zwischen Fisch und Fleisch, immer mit frischem Grün. Das Ambiente im Schlossrestaurant: dunkles Sichtgebälk, schönes Porzellan, blütenweiße Hussen, üppige Wiesenblumen und ansehnliche Tische. Hier kann man beruhigt die Beine von sich strecken. Vor allem, wenn man als Frau die Sache mit den Stilettos nicht berücksichtigt hat.

La Torre
Piazza Castello 8
33097 Spilimbergo
Tel. (+39 0427) 505 55
www.ristorantelatorre.net

Stadttor in Spilimbergo – Weltberühmte Mosaikkunst – „Bemalter Palazzo"

Da Afro

Verlässliche Slow-Food-Adresse und Vorzeige-Trattoria mit gestandener regionaler Küche wie Bohnensuppe, Kaninchen, Tauben, Schnecken, Geflügel, Risotto usw. Ein Hoch auf die Weinauswahl!

🍇 **Via Umberto I° 14**
   33097 Spilimbergo
   Tel. (+39 0427) 22 64

Osteria Al Bachero

Gusto auf Kutteln, Baccalà, Frico? Hier sind Sie richtig. Urige Osteria mit einfacher Traditionsküche und heimeligem Ambiente.

🍇 **Vila Pilacorte 5**
   33097 Spilimbergo
   Tel. (+39 0427) 23 17
   www.osteriabachero.com

Tosoni

Grandios bestückter Laden mit sämtlichen kulinarischen **Delikatessen**-Highlights aus der Region: Prosciutto, Salami, Nudeln, Öle, Wein, Biscotti usw. Tosoni ist bekannt für seinen fantastischen Asìno-Käse, der nach historischer Art hergestellt wird. *(Foto unten)*

🍇 **Via Barbeano 9/f**
   33097 Spilimbergo
   Tel. (+39 0427) 28 00
   www.tosoniformaggi.it

Pasticceria Nova

»Dolce di Spilimbergo« – das süße Aushängeschild von Spilimbergo. Herrliche, mit Mandelcreme gefüllte **Kuchen** im Zentrum der Stadt. Knusprig-leicht.

🍇 **Via XX Settembre 25**
   33097 Spilimbergo
   Tel. (+39 0427) 22 40
   www.pasticcerianova.it

Agriturismo Sasso d'Oro

Familie Marescutti hat 10 Kilometer nordöstlich von Spilimbergo ihre eigene Trüffelfarm aufgebaut und einen sieben Hektar großen Trüffelwald angelegt. Schwarze und weiße **Trüffeln** werden regelmäßig und erfolgreich gefunden und gleich im kleinen Restaurant am Landsitz verkocht. Es gibt auch Gästezimmer.

🍇 **Via del Capitel 4**
   Località Solimbergo-Sequals
   Tel. (+39 0427) 935 87
   www.sassodoro.pn.it

Region auf dem Teller

Kaum eine kultiviert das Regionale mit so viel Herzblut wie die sympathische Teresa Covaceuszach. In jedem Gericht der Autodidaktin spürt man das wahre, natürliche Friaul, denn ihre Küche basiert konsequent auf regionalen und traditionellen Rezepten. Sie sind stets den höchsten Ansprüchen verpflichtet und werden dem Zeitgeist angepasst. Weniger jedoch der Geschmack als die Präsentation. So füllt Signora Covaceuszach vergorene Rüben und gekochte Wurst aus Schweinefleisch *(Brovada e musetto)* in stilvolle Martinigläser.

15 Kilometer östlich von Cividale führt der Weg Feinschmecker schon lange in diese wunderschöne Trattoria, die in Wirklichkeit ein feines Ristorante ist. Seit 1987 stehen die Hausherrin und Ehemann Franco Simoncig für authentische Gastfreundschaft im kleinen Dorf Stregna unweit der Grenze zu Slowenien. Das Lokal ist zugleich elegant und gemütlich. Die warmen Farben, der schöne Steinboden, die liebevolle Tischkultur, der Kamin, die handgepflückten Blümchen schaffen eine angenehme Atmosphäre.

Dass jedes Gericht nach der Region duften und schmecken soll, beweist die gesamte Speisenfolge mit ihrer klaren aromatischen Struktur. Wie zum Beispiel die legendäre »Buchweizenpolenta mit *Ricotta salata stagionata,* Zeuka-Apfel und Kren«. Oder auch die grünen Gnocchetti mit Pilzen. Das Orzotto mit Bohnen. Die zarten Kaninchen-Spieße mit weißer Polenta. Großartig: gefüllte Zucchiniblüten, Wildente, Lamm und *Bizna* – eine Suppe aus Rüben, Kartoffeln und Bohnen.

Passend die Weine zu den Gerichten. Im Weinkeller lagern ausschließlich Etiketten aus dem Friaul, das Hauptaugenmerk liegt auf autochthonen Rebsorten.

Sale e Pepe
Via Capoluogo 19
33040 Stregna
Tel. (+39 0432) 72 41 18

Panificio Claudio Qualizza

Außergewöhnlich gute, traditionelle **Gubana.** 9 Kilometer nordöstlich von Cividale.

🐟 **Località Merso di Sopra 5**
   33040 San Leonardo
   Tel. (+39 0432) 72 30 09

Giordano Snidaro

Eigene Schweinezucht mit Metzgerei. **Wurstwaren** ohne Konservierungsmittel wie Salami, Schinken, Soppressa usw. 9 Kilometer von Cividale entfernt.

🐟 **Via Vernasso 48**
   33049 San Pietro al Natisone
   Tel. (+39 0432) 72 76 08

La Gubana della Nonna

Wunderbares, handgearbeitetes **Backwerk** wie Gubane, Strucchi, Crostate, Kirschkuchen, Kekse, Torten usw.

🐟 **Via Algida 63**
   33049 San Pietro al Natisone
   Tel. (+39 0432) 72 72 34
   www.gubanadellanonna.com

Über dem Fluss

Der Bär und ich gehören nicht unbedingt zu den Technikfreaks. Beispiel: Ich habe mir letztes Jahr zu Ostern ein »iPad« gekauft und es im September zum ersten Mal eingeschaltet. Unser Fernseher ist tiefer als er hoch ist, und auf des Bären Handy müssen noch Knöpfe gedrückt werden. Aber nach der letzten Irrfahrt durch einige Talabschnitte im Norden Friauls haben wir beschlossen, ein Navigationsgerät für das Auto zu kaufen. Wahrlich eine kluge Entscheidung, Bärenfreude bei den Bären-Buben, denn die freundliche Stimme führt uns tatsächlich schnurstracks in die Trattoria »Da Gaspar« nach Tarcento, 20 Kilometer nördlich von Udine. Durch die Wohngebiete, über holprige Straßen, die immer enger und enger werden, durch Wälder, entlang des Torre-Baches und tatsächlich taucht das rot gepinselte Haus vor uns auf. Na bitte, geht doch!

Es sind die Schwestern Gabriella und Valentina Boezio, die in der ehemaligen Mühle die Trattoria führen. Gabriella kocht, Valentina versorgt die Gäste. Die Söhne helfen mit, Valentinas Ehemann Piercarlo Cereda ist Sommelier und für die fabelhafte Weinkarte mit exzellenten Tropfen aus dem Friaul verantwortlich.

Wir sitzen im Wintergarten-Zubau über dem Bach, die Bären-Buben drücken sich die Nase an den Fenstern platt, um auf das Wasser zu schauen, und Signora Valentina zählt derweil ohne mit der Wimper zu zucken die verschiedensten Gerichte auf. Das muss sie heute noch oft machen, weil das Lokal bummvoll ist. Hauptsächlich mit Familien. Wir hören begeistert von der Gorgonzola-Creme mit Feigen sowie vom Prosciutto d'Osvaldo und als Hauptspeisen nennt die Padrona Fleischgerichte wie Kalb, Kaninchen oder Wildschwein.

Die Entscheidung fällt zugunsten eines herrlich lockeres Lauchtörtchens mit Rucola und geräuchertem Ricotta sowie einer »Rosa di Gorizia« mit einigen Speckstreifen. Es folgen süße Cjarsons sowie eine *Crema di fagioli* (Bohnensuppe). Mit Olivenöl beträufelt und einem Crostino. Die Suppe schmeckt köstlich, aber die Portion – sie ist riesig. Die Gäste am Nachbartisch kennen anscheinend den Hausbrauch und teilen sich eine Suppe zu dritt. Dann die Schweinsrippen, mürbe gegart, mit Grünkohl-Gemüse als harmonische Beilage sowie Ossobuco mit Polenta. Wieder unglaublich delikat, die Portion wieder unglaublich groß bemessen. Sachertorte? Tut mir leid, geht gar nicht mehr. Beim nächsten Mal gerne.

Satt und zufrieden geht die Reise schließlich weiter. Das neue Navigationsgerät gibt gleich nach der ersten Kurve seinen Geist auf. Darauf der ältere Bären-Bube: »Ach, wir brauchen gar kein Navi, ich hab eh einen Kompass.« Ob wir diese Technik beherrschen?

Da Gaspar
Via Gaspar 1
33017 Zomeais di Tarcento
Tel. (+39 0432) 78 59 50
www.trattoriadagaspar.com

„Da Gaspar" mit Wintergarten über dem Fluss

Osteria di Villafredda

Ein charmantes Anwesen, dieses historische Steinhaus, das von Barbara Braidot und Ehemann Luca als typische Trattoria geführt wird. Luca kocht, sein Bruder betreut den Wein, Barbara findet man bei den Gästen. Die Küche: Bio-Produkte und traditionelle Rezepte.

🍴 **Via Liruti 7**
33017 Loneriacco di Tarcento
Tel. (+39 0432) 79 21 53, www.villafredda.com

Al Mulin Vieri

Direkt am Flussufer des Torre gelegen. Bei Schönwetter sitzt man auf der Veranda mit Blick auf das Wasser. Die Küche: typisch friaulisch. Fisch und Fleisch, hausgemachte Pasta.

🍴 **Via dei Molini 10**
33017 Tarcento
Tel. (+39 0432) 78 50 76

Pasticceria Il Forno

Welch herrlicher Duft! Neben der Torre-Brücke im Herzen Tarcentos liegt die Pasticceria »Il Forno«. Fantastische **Panettone** mit kandierten Früchten. **Brot** von hell bis dunkel.

🍴 **Via Morgante 32**
33017 Tarcento
Tel. (+39 0432) 78 56 54

Agriturismo Frasca Clotz

Ab-Hof-Spezialitäten wie Olivenöl extravergine, Wein, Destillate, Marmelade, Essig und Balsamico.

🍴 **Via Nimis 6**
33017 Sedilis di Tarcento
Tel. (+39 0432) 79 19 30, www.agriturismoclotz.it

Edeltrattoria

Nach Besichtigung meiner Winterwampe sagte ich zum Bären, wir müssen da was tun und, Kompliment an den Bären!, er fuhr mit mir direttissima ins Friaul, ins »Al Grop« nach Tavagnacco, vor den Toren Udines. Hier treffen wir auf die Schwestern Silvia und Simona Del Fabbro, die das beliebte Restaurant in der fünften Generation führen. Vor Hunderten von Jahren waren die Wirte Ordensbrüder, schließlich liegt das Restaurant im Schatten des Kirchturms von Tavagnacco, am Park der Villa di Prampero. Das Lokal zeigt sich von stattlicher Größe, mit einer Reihe von Tischen bestückt, aber trotzdem gemütlich. Mit einem Fogolar im Zentrum.

Küchenchef Giorgio Fornasiere steht bereits seit 1971 am Herd der Familie Del Fabbro. Seine territorial geprägte Küche ist federführend, sein Geschmack von einer sagenhaften Ursprünglichkeit. So zeigt die Speisekarte Gerichte wie Frico, Musetto e Brovada, Kutteln, Blecs, gefüllte Teigtaschen usw.

Die Spezialität des Hauses: Spargel! Die köstlichen weißen Gemüsestangen sind das Paradeprodukt von Tavagnacco. Hier siegte nämlich der Spargelanbau sogar über den Weinanbau. Und das Schöne: Wenn im Frühling Spargel geschmaust wird, sitzt man bei Silvia und Simona längst in ihrem paradiesischem Gastgarten unter dem Sonnensegel. Umgeben von kurzem, englischem Rasen, mit kleinem Loungebereich, alten Mauern und schönen Staudenbeeten. Dazu trinkt man ausgezeichnete Tropfen aus dem Friaul, der Toskana sowie dem Piemont aus dem bestens bestückten Weinkeller. Alle viere von sich strecken kann man hier übrigens auch: Schließlich warten sechs wunderschöne Suiten. Falls die Winterwampe noch etwas Ruhe braucht.

Al Grop
Via Matteotti 1
33010 Tavagnacco
Tel. (+39 0432) 66 02 40
www.algrop.com

Weißer Spargel aus Tavagnacco

Oro Caffè

Seit 1987 rösten Chiara De Nipoti und Stefano Toppano vor den Toren Udines feine Arabica-Bohnen aus Brasilien. Tasse für Tasse ein Genuss.

🦋 **Via Perugia 6**
   33010 Tavagnacco
   Tel. (+39 0432) 57 35 35
   www.orocaffe.it

Panificio Orlandi

Über 30 **Brotsorten.** Riesige Baguettes mit knuspriger Kruste, auch Kornbrot. Pierluigi Orlandi lässt den Teig bis zu 22 Stunden gehen.

🦋 **Via Centrale 59**
   33010 Adegliacco di Tavagnacco
   Tel. (+39 0432) 57 31 40

Latteria Brazzacco

Kuhmilchkäse vom Feinsten. Vierzehn Hersteller haben sich zusammengeschlossen. Es darf nur die Milch der Fleckviehrasse »Pezzata Rossa Italiana« verwendet werden. 7 Kilometer westlich von Tavagnacco.

🦋 **Via Strada del Val 17**
   33030 Brazzacco di Moruzzo
   Tel. (+39 0432) 67 24 46

Distillerie Bepi Tosolini

Drei Generationen widmen sich in diesem Familienbetrieb der Produktion bester **Grappa-Sorten.** 9 Kilometer östlich von Tavagnacco.

🦋 **Via della Roggia 20**
   33040 Marsure
   Tel. (+39 0432) 66 41 44
   www.bepitosolini.it

Von wegen Flexitarier

Wissen Sie, ich bin eigentlich Flexitarierin. So nennt man Teilzeit-Vegetarier, die den überwiegenden Teil der Woche bewusst auf Fleisch verzichten. Bis zu dem Tag, als wir im »Da Toso« in Leonacco bei Tricesimo landen. Direkt vor dem Fogolar. Darauf brutzelt Fleisch in allen Varianten. *Bistecca alla fiorentina, Costata* (Roastbeef), Lamm, Innereien wie Nieren usw. Hausherr Giancarlo Toso klimpert einmal mit der Grillzange und dann ist Schluss mit den Prinzipien. Eine Kalbsleber muss her. Sofort. Eine der zartesten Art. Mit grobem Meersalz bestreut, darüber gießt Signore Toso frisches, fruchtiges Olivenöl. Zuvor verdrücken wir eine Platte mit Antipasti wie Prosciutto aus San Daniele, Speck, Salami.

Seit über einem Jahrhundert ist das beliebte Lokal im Familienbesitz. »Ich selbst stehe seit fünfzig Jahren am Fogolar«, schmunzelt Signore Toso und deutet stolz auf eine Fotografie links von der offenen Feuerstelle. »Das ist meine Mama. Ihren Platz habe ich eingenommen.« Und das gelbe Haus gegenüber hat dem Großvater gehört.

Was uns gefällt: Jeder Gast wird persönlich begrüßt, die Stimmung ist leger und von authentischer Gastfreundschaft geprägt. Signora Alida Toso zählt am Tisch auf, was es zu essen gibt: »Kutteln, Gnocchi, Tagliatelle mit Schinken ...« und ihre Tochter stellt dabei schon mal ofenfrisches Weißbrot hin. Wein? Gerne! Wir sehen uns um. Auf jedem Tisch steht die gleiche grüne Flasche mit Hauswein. Mal in Weiß, mal in Rot. Bestes Indiz, dass der *Vino della casa* gut ist.

Zum Schluss stehen die Familien Toso und Trippolt mit einigen Gästen zusammen an der Theke, gegenüber die Wand mit Hunderten unterschiedlichsten Zeichnungen, die die Gäste hinterlassen haben. Wir trinken Grappa und plaudern über Gott und die Welt. Der eine Bären-Bube wird von der jungen Signorina Toso abgebusselt, der andere Bären-Bube kritzelt auf dem Boden ganz emsig neue Zeichnungen, um sie dann auch an die Wand zu heften. Ob wir uns schon lange kennen? Nein, das ist unser erster Besuch.

Da Toso
Locanda Leonacco
Via Pozzuolo 16
33019 Tricesimo
Tel. (+39 0432) 85 25 15

„Da Toso" in Leonacco

Antica Trattoria Boschetti

Das bekannte Restaurant der Familie Trentin galt lange als »Universität der Küche und Gastronomie«. Eine Kultstätte für den typischen friaulischen Geschmack ist die Antica Trattoria Boschetti immer noch. Die Gerichte sind traditionell und trotzdem kreativ und zeitgemäß. Fabelhafte Pasticceria!

🐟 **Piazza Mazzini 10**
33019 Tricesimo
Tel. (+39 0432) 85 12 30
www.trattoriaboschetti.it

Da Miculan

Heimelige, einfache Osteria mit einem Fogolar als Zentrum. Die Küche ist bodenständig, regional, saisonal. Juri Riccato versteht sich auf die Zubereitung von Baccalà mit Polenta, gebratener Entenbrust, Tortelloni mit Radicchio di Treviso usw. Ehefrau und Sommelière Michela versteht viel von Wein.

🐟 **Piazza Libertà 16**
33019 Tricesimo
Tel. (+39 0432) 85 15 04
www.trattoriamiculan.com

Das Gute bewahren

Ein Wirtshaus wie es sein soll, 10 Kilometer nördlich von Spilimbergo. Man will nicht mehr sein als man ist, weil man das Gute bewahrt hat. Will heißen: ein klares Bekenntnis zur bodenständigen Küche, im Sinne der Tradition, die Zutaten stammen aus der unmittelbaren Umgebung. Hier wird noch ganz kommod eine Partie Karten gespielt und an der typischen friaulischen Holztheke ein Glas Wein zu kleinen Happen wie Frico, verschiedenste Salumi, Käse usw. getrunken. Mit einem Wirt, der nicht nur durch Leibesfülle, sondern vor allem durch

Freundlichkeit besticht. Oder man nimmt in einem der drei gemütlichen Gasträumen Platz, am schönsten sind natürlich die Tische am Fogolar. Dann wird die rote Berkel-Aufschnittmaschine angeworfen, vor dem Rost über dem Feuer stehen Olivenöl, Salz und Pfeffer bereit.

Ein Muss: mindestens einen der zahlreichen Brände oder Liköre des Hausherrn probieren. Am besten an der Theke. Dort geht es nämlich immer gesellig zu, wenn sich die Nachbarn auf einen *Tajut* treffen. So nennt man in Friaul-Julisch Venetien das Gläschen Wein, das in ungewungener Runde mit Freunden und Bekannten genossen wird. Also, wir sehen uns! Im »Marescial« auf ein Stehachterl!

Osteria Al Marescial
Via Villa 105
33090 Travesio
Tel. (+39 0427) 90 012
www.marescial.it

Sapori di Casa

Claudio Jacoponi führt mit seiner Frau Maria Pia die Marke »Sapori di Casa«. Köstliche **Eiernudeln** aus Hartweizen. Tagliolini, Tagliatelle, Fettuccine in vielen Sorten, Linguine, Maccheroncini, Maltagliati, Pappardelle usw. 4 Kilometer südlich von Travesio.

Via Risorgimento 24
33090 Sequals
Tel. (+39 0427) 902 27
www.saporidicasa.com

Scharfe Sache!

Die Hafenstadt Triest ist ja von beträchtlicher Größe, dort muss man sich erst einmal durchessen. Da kommt uns das »Pepernero Pepebianco« gerade recht. Eine trendige Adresse, seit 2008 geöffnet. Dieses stylishe Restaurant von Ambra Declich und Michele Grandi liegt nicht weit von der Piazza Libertà entfernt. Küchenchef Michele hat sein Lokal in einem alten Weindepot untergebracht. Nach seinem Agrarstudium ging er auf Weltreise und verwirklichte danach seinen Traum eines eigenen Restaurants. Als Gast wählt man zwischen den Menüs »Terra« und »Mare«. Die sind mehr oder weniger selbsterklärend. Spannend das Überraschungsmenü sowie das vegetarische Menü. Wunderbar süffig der Hauswein, den Micheles Bruder Stefano im toskanischen San Gimignano keltert.

Bleibt nur die Frage: Wo sitzen? Mitten im modernen Saal oder hoch oben auf der Galerie?

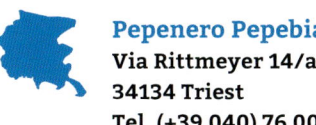

Pepenero Pepebianco
Via Rittmeyer 14/a
34134 Triest
Tel. (+39 040) 76 00 716
www.pepeneropepebianco.it

Blau-Pause

Eine muss die Erste sein und das ist in Triest unumstritten Ami Scabar. Die erste, sprich die beste, bekannteste, aufregendste und experimentierfreudigste Köchin der Hafenstadt.

Und wahrscheinlich die sympathischste noch dazu. Die Stadt der Winde passt perfekt zum lebhaften Gemüt der leidenschaftlichen Köchin. Mit viel Spürsinn (oder einem Navigationsgerät – ehrlich, wir sind sogar mit Navi vorbeigefahren) ist das großartige Restaurant versteckt in den Hügeln von Triest, mitten im Wohngebiet, auch zu finden.

Starköchin Ami Scabar, Sommelier und Bruder Giorgio Scabar

Es war im Jahr 1967, als die Eltern von Ami Scabar hier eine Trattoria eröffneten. Bruder Giorgio, ein exzellenter Sommelier mit profundem Weinwissen, ist der erste Mann bei den Gästen. Dass Signora Scabar bei den regionalen Produkten aus dem Vollen schöpft, versteht sich von selbst. So wird das von ihr verwendete Olivenöl in Sichtweite hergestellt, die Karstweine fließen praktisch von selbst in die Gläser. Und der fangfrische Fisch kommt am besten *crudo,* also roh, auf die Teller.

Zur Vollendung der persönlichen Blau-Pause. Wir beginnen mit wunderbar marinierten Sardellen sowie einer frittierten Rotbarbe, Canestrelli sowie Stockfisch-Mousse mit gehobelten Mandeln, geriebenem Jamar-Käse sowie gebratenen Gamberi mit Curry-Sauce. Weiter geht es mit frischem Tonno-Tartar mit süß-sauren Melanzani und Teigtaschen, die mit Wolfsbarsch gefüllt sind. Es folgen Tagliatelle mit Kammmuschel-Sauce, Safran und Riesen-Gamberi sowie Branzino mit Polenta. Einer unter all den Lieblingsgängen: Seppiolini auf Minze. Frisch und intensiv duftend das Rosenblütensorbetto. Als Dessert reicht Ami Scabar eine „Cremosa": cremiges Eis auf Karsthonig, Krokant, Zimt und Mandeln. *Fantastico!*

Und falls neben Ihnen im »Scabar« der bekannte Krimi-Autor Veit Heinichen sitzt, ist dies kein Zufall. Schließlich ist der Schriftsteller seit einem Jahrzehnt der Lebenspartner von Ami Scabar. Vielleicht mit ein Grund, warum die Gerichte so »kriminell« gut schmecken.

Scabar
Via Erta di Sant'Anna 63
34149 Triest
Tel. (+39 040) 81 03 68
www.scabar.it

Verfeinerte Küche: Stockfisch-Mousse (rechts oben), Seppiolini auf Minze (unten).

Ankerpunkt für Fisch

Machen wir doch dort weiter, wo wir aufgehört haben. Nämlich in Triest. In der idealen Welt hätte jeder Mensch gerne dieses Lokal in Gehweite seiner Wohnung. Eines, das uns das Gefühl gibt, nicht so richtig aufwändig essen zu gehen, und das trotzdem eine Top-Gastronomie bietet. Durch seine verlässliche Qualität, was die Grundprodukte anbelangt, und den einzigartigen, unverfälschten Geschmack der Gerichte. Ein echter Ankerpunkt für hervorragende Fischküche.

Das beliebte Lokal mit seinen 25 Plätzen liegt nur wenige Schritte von der Piazza Unità entfernt, und es hat sich längst herumgesprochen, dass dieser Ort eines der interessantesten Restaurants der Stadt beherbergt. Die Einrichtung ist leger, ein Blickfang stellt die »Bücherei«, Bücherregale bestückt mit Weinflaschen!, dar. Das Team ist eingespielt und souverän, Gastgeber Roberto zeigt sich stets gut gelaunt, es geht überhaupt ganz entspannt zu. Robertos Großeltern haben das Lokal 1966 eröffnet, das die Eltern mit viel Energie weitergeführt haben.

Es ist immer wieder erstaunlich, was man aus einfachen Dingen zaubern kann. Ewa aus den besten, frittierten *Sardoni* der Stadt. Eine wahre Freude ist der Oktopus mit Avocado-Creme und kandierten Limonen als Antipasto. Kongenial »La nostra Busara«: Spaghetti mit Scampi, Tomaten, Basilikum. Danach ein frisch gefangener Steinbutt *(Rombo)* und zum Abschluss ein Törtchen mit getrockneten Feigen, Schokolade und Ingwermousse. Ein gutes Tröpfchen gefällig? Bitte sehr! Rund 300 verschiedene Etiketten stehen zur Auswahl.

Al Bagatto
Via Cadorna 7
34124 Triest
Tel. (+39 040) 30 17 71
www.albagatto.it

Molo Audace in Triest

Sarde in saor

Marinierte Sardellen

Zutaten für 2 Personen:
- **8 Sardellen samt Kopf**
- **2 Zwiebeln, in feine Ringe geschnitten**
- **Olivenöl**
- **ein wenig Weißweinessig**
- **Salz**
- **Petersilie, gehackt**
- **4 schwarze, entkernte, feinst gehackte Oliven**

Zubereitung:

Die Sardellen am Bauch entlang aufschneiden, sauber ausnehmen und den Kopf entfernen. Gründlich mit Wasser reinigen. Sardellen in Mehl wenden und in Öl beidseitig knusprig anbraten. Auf Küchenpapier abtropfen lassen und in eine Glasschüssel geben. Salzen, mit Zwiebelringen belegen und mit Essig und Olivenöl begießen. Zwei, drei Stunden ziehen lassen. Vor dem Servieren mit Petersilie und Oliven bestreuen.

Die Hafenstadt Triest ist ein Schmelztiegel der Kulturen.

Antipastoteca di mare »Alla Voliga«

Kein Gastro-Guide ohne die bekannte Antipastoteca. Seit 1981 gute und günstige Fischadresse. Einfach kommod. *(Foto o. links)*

🐟 **Via della Fornace 1**
34100 Triest
Tel. (+39 040) 30 96 06
www.antipastotecadimare.it

Le Bollicine

Modernes Restaurant mit Weinbar, urban und schick. Derzeit eines der angesagtesten Lokale Triests. Champagner-Time!

🐟 **Piazza Sant'Antonio Nuovo 2b**
34132 Triest
Tel. (+39 040) 77 10 41
www.lebollicinetrieste.it

Ai Fiori

Klassisches Fischrestaurant mit ausgezeichneter, gehobener Küche.

🐟 **Piazza Hortis 7**
34124 Triest
Tel. (+39 040) 30 06 33
www.aifiori.com

Harry's Grill

Legendäres Restaurant im Nobelhotel Duchi d'Aosta an der Piazza Unità. *(Fotos oben mitte und rechts)*

🐟 **Piazza Unità d'Italia 2/1**
34121 Triest
Tel. (+39 040) 76 000 11
www.duchi.eu 🛏

Nero di Seppia

Giulio e Valentina Cusma führen diese gemütliche Osteria mit grandioser Fischküche.

🐟 **Via Cadorna 23**
34123 Triest
Tel. (+39 040) 30 13 77
www.trattorianerodiseppia.com

Antica Trattoria Suban

Seit 1865 stadtbekannte Trattoria. Das Beste aus der slowenischen, österreichischen und italienischen Küche.

🐟 **Via E. Comici 2D**
34128 Triest
Tel. (+39 040) 543 68
www.suban.it

La Ghiacceretta

Klein, fein, nett. Traditionelle Triestiner Küche.

🦋 **Via dei Fornelli 2**
34121 Triest
Tel. (+39 040) 322 03 07
www.anticaghiacceretta.com

SaluMare

Das »Fischlaboratorium« in der Altstadt ist ein cooler, kleiner Fischladen. Die eine Hälfte beherbergt ein klassisches Fischgeschäft. Der andere Teil mutierte zur Designer-Imbissstube. Piero Anzellotti ist der Einzige in der Hafenstadt, der Stör, Lachs, Schwert- und Thunfisch selbst räuchert. Dazu gibt es gleich ein passendes Gläschen Wein. Zu probieren sind: eingesalzene Sardellen, frische Austern und eine unglaublich zarte Stockfischcreme. *(Foto unten links)*

🦋 **Via di Cavana 13a**
34124 Triest
Tel. (+39 040) 32 29 743, www.salumare.com

Da Giovanni

Typisches Triestiner Buffet. Frittierter Fisch, marinierte Sardellen, *Sarde in savor,* gekochter Schinken mit Kren, gegrillte Calamari und Fische, auch Jota und Knödel.

🦋 **Via San Lazzaro 14b**
34122 Triest
Tel. (+39 040) 63 93 96
www.trattoriadagiovanni.com

Buffet da Pepi

Allerfeinste Schweinereien. Weithin bekanntes Triestiner Buffet im Zentrum der Stadt mit Prager Schinken, Saurüssel, Schweinshaxen, Geselchtem, Ripperln, Prosciutto crudo, Würsten, Zunge, gegrilltem Bauchfleisch, Sauerkraut, Kren, Kartoffeln und viel Senf. *(Foto unten rechts)*

🦋 **Via della Cassa di Risparmio 3**
34121 Triest
Tel. (+39 040) 36 68 58
www.buffetdapepi.com

Alla Valle

Klassische Trattoria, freundliche Bedienung. Fangfrischer Fisch, hausgemachte Pasta.

🦐 **Via della Madonna del Mare 18b**
34124 Triest
Tel. (+39 040) 31 25 06

La Bottega di Trimalcione

Wunderbare Fischküche, hügelaufwärts gelegen.

🦐 **Fraz. San Giacomo**
Via della Guardia 15
34128 Triest
Tel. (+39 040)36 97 99
www.trimalcione.ts.it

Le Vele

Restaurant im Hotel Miramare. Superstylish, Blick aufs Meer, schöne Terrasse. Kulinarische Vorzeige-Location mit Trendfood. Schmeckt gut.

🦐 **Viale Miramare 325/1**
34136 Triest
Tel. (+39 040) 224 70 85
www.hotelmiramaretrieste.it 🛏

Le Terrazze

Im Hotel Riviera, 5 Autominuten vom Schloss Miramare entfernt. Atemberaubender Blick von der Terrasse auf das Meer. Fisch- und Fleischküche.

🦐 **Strada Costiera 22**
34151 Triest
Tel. (+39 040) 22 45 51
www.rivieramax.eu 🛏

Oben: James Joyce am Canal Grande
Unten: „Le Terrazze" im Hotel Riviera

Antica Bottega del Gusto

Was für eine grandiose Auswahl an **Delikatessen!** Kaviar, 300 Käsesorten, Pasta, Trüffel-Produkte, Weine, Ölivenöle, bis zu 100 Jahre alter Balsamico usw.

🐟 **Via delle Torri 1**
34122 Triest
Tel. (+39 040) 63 18 20
www.villanovich.com

Gran Malabar

Gepflegter **Weingenuss** in der bekanntesten Weinbar Triests. Unglaubliche 60 000 (in Worten: sechzigtausend!) Flaschen lagern im Keller.

🐟 **Piazza San Giovanni 6**
34122 Triest
Tel. (+39 040) 63 62 26

Enoteca Bere Bene

Mehr als 2 000 verschiedene **Weine** aus ganz Italien, 600 internationale Etiketten, 400 italienische Spumantes sowie Champagner. Na dann, *cin cin!*

🐟 **Viale Ippodromo 2–3**
34139 Triest
Tel. (+39 040) 39 09 65
www.enotecaberebene.com

Pastificio Mariabologna

Frische **Pasta,** auch gefüllt, pikante Kuchen usw.

🐟 **Via Cesare Battisti 7**
34125 Triest
Tel. (+39 040) 36 81 66

Pasticceria Penso

Triestiner **Backwaren** vom Feinsten. Putizza, Presnitz, Pinza, Krapfen, Panettone usw. Bekannt sind auch die Dobostorten.

🐟 **Via Armando Diaz 11**
34123 Triest
Tel. (+39 040) 30 15 30
www.pasticceriapenso.com

Pastificio La Casalinga

Frische **Pasta,** typische istrische *Fusi,* gefüllte Knödel nach Triestiner Tradition.

🐟 **Largo Della Barriera Vecchia 4B**
34129 Triest
Tel. (+39 040) 77 42 45

Panificio Jerian

Über 40 **Brotsorten,** täglich frisch. Biscotti, Feines aus der Pasticceria, typisches Triestiner Süßgebäck. Vier Standorte in der Stadt.

🐟 **Die Filialadressen: Via Combi 26,**
Via Cavana 10, Via Roiano I, Viale Miramare 151
Tel. (+39 040) 30 36 18
www.jerian.it

Orocolato

Stadtfiliale der preisgekrönten Konditorei aus Opicina, »Saint Honoré«. Reihenweise **Süßes:** Mignons, Eis, Pralinen, Schokolade.

🐟 **Via Cassa di Risparmio 9**
34121 Triest
Tel. (+39 040) 63 81 93

Gelateria Jazzin

Wunderbarer **Eissalon** mit unzähligen Sorten. Neben den Klassikern auch ungesüßtes Joghurteis mit Olivenöl, Mascarpone-Eis mit Erdbeeren und Balsamico, Pfirsich-Basilikum mit Heidelbeere, Eispralinen, Eis in Biscotti gefüllt. Unweit der Piazza Unità in einer Seitengasse. *(Foto rechts oben)*

🦐 **Via Mercato Vecchio 1/D
34121 Triest**

Gelateria Zampolli

Über 80 Sorten **Eis** locken in den stuckverzierten Salon. Neben Klassikern auch Sorten wie »Strudel«, »Pignolata« (mit Pinienkernen), »Cioccolato al peperoncino«.

🦐 **Via Ghega 10
34132 Triest
Tel. (+39 040) 36 48 68**

Chocolat Fedon Aloa

Ab Herbst köchelt ein Topf **heißer Schokolade** auf dem Herd. Selbst gefertigte Pralinen, Schoko mit Rosmarin, Salbei, Veilchen und Bohnenkraut aus dem Karst. *(Foto rechts Mitte)*

🦐 **Via di Cavana 15
34124 Triest
Tel. (+39 040) 30 05 24**

La Bomboniera

Jugendstil-Konditorei, historisches Ambiente mit Luster und wunderschöner Holzfassade. Handgeschöpfte Schokoladen, Bonbons, Pralinen, Putizza, Pinza, Schoko-Eier, Torten usw. Das Gebäck kommt aus dem Originalbackofen von 1850. Bekannt für »Rigojanci«, ein traditioneller Schokoladekuchen mit ungarischen Wurzeln. *(Foto rechts unten)*

🦐 **Via Trenta Ottobre 3
34122 Triest
Tel. (+39 040) 63 27 52**

Triest ist Italiens Kaffee-Hauptstadt. Stilvoll: das Antico Caffè San Marco.

Antico Caffè San Marco

Eines der schönsten Kaffeehäuser Triests. Dunkle Möbel, eindrucksvoller Goldstuck. Da bleibt einem beim ersten Besuch schlicht der Mund offen. Monumental.

🦋 **Via Battisti 18**
   34124 Triest
   Tel. (+39 040) 36 55 38

Antico Caffè Torinese

Gediegene Atmosphäre mit viel Marmor, opulentem Luster, wunderschöner Holzvertäfelung.

🦋 **Corso Italia 2**
   34121 Triest
   Tel. (+39 040) 63 26 89
   www.anticocaffetorinese.it

Caffè Tommaseo

Älteste, historisch-elegante Kaffeehausinstitution in Triest.

🦋 **Piazza Tommaseo 4/c**
   34121 Triest
   Tel. (+39 040) 36 26 66
   www.caffetommaseo.com

Antica Pasticceria Pirona

Vornehme **Konditorei** mit Geschichte. Feinste Mehlspeisen (Pinza, Putizza), Köstliches so weit das Auge reicht. Darunter die berühmten »Fave Triestine« – Mandelkugeln in den Sorten Rose, Apfelstrudel und Marzipan.

🦋 **Largo Barriera Vecchia 12**
   34129 Triest
   Tel. (+39 040) 63 60 46, www.pirona.it

Pasticceria Saint Honoré

Ausgezeichnete Konditorei in Opicina, einem Vorort oberhalb von Triest. Bekannt für ihre Karst-Torte aus Nüssen und Mandeln, Pralinen, Schokolade, Mignons. Auch Triestiner Gebäck.

🐟 **Via di Prosecco 2**
   Opicina
   34151 Triest
   Tel. (+39 040) 21 30 55

Planet Coffee

Feine Espressokultur. 1966 wurde der Betrieb gegründet, die Brüder Bazzara führen ihn mit Begeisterung weiter. Die 25 **Kaffeemischungen** werden international vertrieben.

🐟 **Via Cesare Beccaria 3**
   34133 Triest
   Tel. (+39 040) 76 78 49
   www.planetcoffee.it

Piazza Unità

Antica Tostatura Triestina

Alessandro Hausbrandt, Nachfahre der berühmten **Hausbrandt-Kaffeedynastie,** hat eine eigene, kleine Rösterei in seiner Heimatstadt aufgebaut. Sein Urgroßvater hat sozusagen den Espresso erfunden. Der »ATT«-Kaffee: kräftig, mit einer fantastischen Crema und umwerfendem Aroma.

🐟 **Via Flavia 124**
   34147 Triest
   Tel. (+39 040) 28 20 902
   www.attcaffe.com

Espressamente Illy

Sechs Millionen **Illy-Kaffees** werden weltweit pro Tag getrunken. Illy, als Weltmarke, ist in 140 Ländern vertreten. Aus neun Sorten Arabica-Bohnen entstehen stets neue Kreationen.

Am Stadtrand von Triest findet man ein supermodernes Schulungszentrum, wo Kaffee-Kurse in verschiedenen Sprachen veranstaltet werden. Eine der besten Illy-Adressen zum Kaffeeschlürfen ist die Bar »Via delle Torri« im Zentrum: cooles Ambiente, perfekte Design-Tassen und natürlich ein Top-Kaffee.

🐟 **Via delle Torri 3**
   34125 Triest
   Tel. (+39 040) 76 52 51
   www.illy.com

Torrefazione La Triestina

Klein, aber oho! Triests kleinste **Kaffeerösterei** wurde im Jahr 2004 von Giuseppe Lombardi gemeinsam mit seinem Vater erworben. Hier werden ausschließlich Arabica-Bohnen verarbeitet.

🐟 **Via Cavana 2**
   34121 Trieste
   Tel. (+39 040) 30 65 86

Karst

Apicoltori Settimi & Ziani

Hunderte Bienenstöcke sind im Karst und um Triest zu finden. Vielfach ausgezeichnete **Honigsorten** wie der »Maraska«.

🐝 **Trebiciano 237**
   34012 Triest
   Tel. (+39 040) 21 58 246

Vitjan Sancin

Renommierter **Olivenölproduzent** in den Hügeln des Karstes bei Triest. Jede Olive der 4000 Bäume wird von Hand geerntet. Eine Öl-Spezialität ist das »Lemoncelo« mit Zitronen. Vitjan Sancin ist auch exzellenter Winzer.

🐝 **Dolina 360**
   34018 Triest
   Tel. (+39 040) 22 88 70
   www.sancin.com

Azienda Agricola Edi Zobec

Lachszucht und **Bierbrauerei** auf der Zufahrt zum Rosandra-Tal. Frischer oder geräucherter Lachs, Gerichte von Carpaccio bis marinierter Lachs, dazu gibt es das selbst gebraute Bier.

🐝 **Bagnoli della Rosandra 244**
   34018 San Dorligo della Valle
   Tel. (+39 040) 83 25 063
   www.zobec.it

Pasticceria OTA

Brot, Gebäck, Pralinen. Und verführerische **Schokolade** von klassisch bis außergewöhnlich.

🐝 **Bagnoli della Rosandra 66**
   34018 San Dorligo della Valle
   Tel. (+39 040) 22 82 53
   www.ota.it

Principe Prosciutti Spa

Prager **Schinken** nach Triestiner Art, der supersaftige »Praga Cecchia Trieste«. Er wird von der Firma »Principe« hergestellt und schmeckt unvergleichlich mild.

🐝 **Via Ressel 1**
   34018 San Dorligo della Valle
   Tel. (+39 040) 38 80 811
   www.principefood.com

Paolo und Roberto Starec

Pioniere der modernen **Olivenölkultur** und Meister ihres Faches seit drei Generationen. Einsortige und mehrsortige Öle. Autochthone Olivensorten auf sechs Hektar wie Bianchera, Maurino, Leccio und Pendolino. Zählen zu den besten Ölen Italiens.

🐝 **Bagnoli della Rosandra 623**
   34018 San Dorligo della Valle
   Tel. (+39 040) 22 70 40
   www.starec.it

Der Karst ist trotz seiner Kargheit eine kulinarische Schatzkammer.

Azienda Fior Rosso

Mittelfruchtiges **Olivenöl** aus »Bianchera«-Oliven. Die Familie bewirtschaftet neun Hektar.

🐟 **Prebenico 61**
34018 San Dorligo della Valle
Tel. (+39 040) 23 23 60
www.fiorrosso.it

Parovel

Die Geschwister Parovel führen ein Weingut und nennen auch fünfzehn Hektar Olivenhaine ihr eigen. Hier werden preisgekrönte, reinsortige **Olivenöle** gepresst, kalt natürlich. Top auch die Kekse mit Olivenöl.

🐟 **Dolina 546**
34018 San Dorligo della Valle
Tel. (+39 040) 22 70 50
www.parovel.com

Eigenes Universum

Sie wollen Ihren Erlebnishunger stillen? Dann sind Sie hier richtig. Schließlich befinden wir uns im derzeit meistprämierten Restaurant Friaul-Julisch Venetiens. Zwei Michelin-Sterne – also Friauls Genussgipfel.

Die Entwicklung von der bodenständigen Traditionsküche zur elaborierten Kreativküche ist wohl eine der spannendsten der Region. Bereits seit 1887 wird bei der Pfarrkirche in Godia, einem Vorort von Udine, aufgekocht. Damals gab es neben dem Gasthaus und der Wirtschaft auch einen kleinen Tante-Emma-Laden. Von Seife bis Stockfisch konnte man alles kaufen. Ivonne und Tino Scarello haben dieses Restaurant aufgebaut und an ihre Kinder, Michela und Emanuele übergeben. Michela ist für den Empfang, den Service, den Wein verantwortlich, Emanuele für die Performance am Teller. Zusammen mit Mama Ivonne. Papa Tino führt die Bar, die zum Ristorante gehört. Einzigartig ist die Mischung aus lokalen Spitzenprodukten, legerem Spitzenservice und vielfältigen Überraschungen. Das Ambiente im Restaurant: stylebewusst und extravagant.

Emanueles Küche ist mit Abstand die modernste in Friaul-Julisch Venetien. Der sympathische Spitzenkoch verblüfft mit seinen Kombinationen, seinen kuriosen Ideen und seiner außergewöhnlichen Experimentierfreude. Mittlerweile ist das »Agli Amici« ein eigenes Universum. Eines, in dem Einflüsse der Nordic Cuisine, der Molekularküche und der Veggie Cuisine nicht zu leugnen sind. Interessant zu beobachten und probieren: die unterschiedlichsten Texturen, Konsistenten und Aggregatzustände. So werden die regionalen Produkte durch küchentechnische Spielereien ergänzt: Pulver, Schäumchen und Gelees – wahre Geschmackskunstwerke mit einem unglaublichen »Spaßfaktor«. Wo sonst kann man »flüssige Gnocchi« probieren? Oder einen Capesante-Toast? Oder einen »essbaren Stein«, der noch dazu auf einem echten Stein serviert wird?!

Führt das derzeit bestbewertete Restaurant Friauls: Familie Scarello.

Im »Agli Amici« isst man nicht so nebenbei, wir müssen uns tüchtig konzentrieren. Damit uns auch ja kein Detail entgeht. Auf der Speisekarte entdecken wir istrische Seeigel, Hummer, Algen aus der Lagune, friaulische Rind- und Schweinefleischsorten, Gemüse – insbesondere die Kartoffeln aus Godia – sowie Fisch von Branzino bis Steinbutt und allerlei Meeresgetier. Eindrucksvoll die gratinierten Capesante auf passierten Erdbeeren und Tomaten sowie die Scampi auf Basilikumcreme. Eine Klasse für sich: die gefüllten Ravioli mit Gorgonzola, Melanzani und Oliven. Bei der Hauptspeise stehen Lamm und Kalb zur Wahl, als fulminantes Dessert munden Mangos, in Teigtaschen gehüllt. Frische Früchte gibt es auch. Die muss man allerdings selbst pflücken – von einem Holzbäumchen. Dieses kommt zwischendurch auch mit Süßem daher.

Alles wahrlich beeindruckend in diesem schicken Restaurant mit stylishen Gästen und trendiger Küche. Zum Schluss hören wir lautes Kinderquietschen und sind erleichtert. Denn Emanueles Kinder sind auf Besuch in Papas Küche. Ein beruhigendes Zeichen, dass selbst hier der Perfektionismus natürliche Grenzen hat.

Agli Amici
Via Liguria 252
33100 Godia
Tel. (+39 0432) 56 54 11
www.agliamici.it

· ·

Mulino di Godia

Nur ein paar Schritte vom »Agli Amici« entfernt. Die Mühle von Claudio Coiutti mit Mühlrad am Wasserlauf. **Mehl** für Polenta, Pasta, Brot.

Via Genova 48
33100 Godia
Tel. (+39 0432) 56 46 506

Fisch im goldenen Kalb

Blütenweiße Hussen, blütenweiße Tischtücher. Ein kurzer Blick zum Bären und er weiß: Heute gibt es für die Bären-Buben auf keinen Fall irgendetwas mit Tomaten zu essen. Deshalb erzählen wir den beiden Mini-Gourmets blitzschnell von den Goldbrassen und dem Steinbutt, die wir gerade in der Küche gesehen haben. Und schon drücken sich die Buben die Nase an der Glasscheibe platt, die es möglich macht, Küchenchef Massimiliano Sabinot und seine Crew vom Restaurant aus zu beobachten. Und weil Max ein ganz ein Netter ist, winkt er zwischendurch immer wieder mal heraus.

Seit 1849 gibt es das Restaurant mitten im Zentrum von Udine gleich hinter dem alten Fischmarkt. Das Gastronomie-Ehepaar Gigliola und Antonio Sabinot haben es 1987 gekauft. Gemeinsam mit seinem Sohn Gianluca führt der Padrone den Service, während sich Sohn Max in der neuen, supermodernen Küche austobt.

Das Lokal selbst wirkt elegant und gediegen – aufgrund der Holzvertäfelung, der Mauerbögen, der Stofflampen sowie des Fogolars. Die Tischkultur: eindrucksvoll und harmonisch. Mit silbernen Platztellern, dickwandigen, colorierten Wassergläsern, feingeschliffenen Weingläsern und rosa Rosenbouquets. In der warmen Jahreszeit kann man in einem der schönsten Gastgärten von Udine sitzen.

Wir haben – zur allgemeinen Beschäftigung – noch nicht einmal »Ich sehe was, was du nicht siehst« unter der imposanten, kunterbunten Glaskuppel im Restaurant gespielt, schon grüßt die Küche mit einem besonders cremigen, knallgelben Kürbis-Süppchen. Der Clou: Max hat geräucherten Ricotta hineingehobelt.

Wir sind nicht am Meer, trotzdem zeigen Fisch und Meeresfrüchte höchste Qualität. Ich sage nur: rohe Scampi mit Wasabi, Olivenkaviar und feinem Salz. Oder Thunfisch-Tartar mit Kapern und Avocado, dazu schwarzer Beluga-Kaviar. Linguine mit Gamberi und Vongole – ein Traum die sämige Sauce. Und dann die *Tortelli di baccalà*. Zum Abschluss gibt es einen lauwarmen Schokoladekuchen und alle sind glücklich. Vor allem die Bärenmutter, weil die blütenweißen Tischtücher und blütenweißen Hussen zur Abwechslung auch wirklich solche geblieben sind.

Vitello d'Oro
Via Erasmo Valvason 4
33100 Udine
Tel. (+39 0432) 50 89 82
www.vitellodoro.com

Molto simpatico!

Lieber Herr Renato, besten Dank, dass der kleinere Bären-Bube eine Runde in Ihrem Servierwagen mitfahren durfte. Und vielen Dank dafür, dass Sie auch noch »molto simpatico« gerufen haben, als Sie den blinden Passagier entdeckten. Dem Bären und mir war das furchtbar peinlich, aber wir mussten unbedingt noch vom traditionellen Faschingsgebäck probieren.

Februar, Familienausflug nach Udine. Wir sind im Restaurant »Il Fogolar« im Best Western Hotel Là di Moret im Norden der Stadt zu Gast. Margherita, Franco und Edoardo Marini leiten dieses

außergewöhnliche Reich, das aus dem Restaurant, der American Bar sowie dem Hotel mit 88 Zimmern und 4 Suiten besteht. Das Lokal wurde bereits 1905 gegründet. In der quietschbunten American Bar genießen wir einen Aperitif und einen kurz gezogenen Espresso. Am Vormittag wird hier das Frühstück serviert. Dieses muss ich unbedingt erwähnen, denn dabei kostet man sich des Morgens praktisch durch ganz Friaul-Julisch Venetien: Prosciutto, Salami, Käse aus allen Ecken der Region, von den bedeutendsten Herstellern.

Im Restaurant »Il Fogolar« knistert bereits das Feuer im Fogolar. Ein Blickfang ist die rote Berkel-Aufschnittmaschine sowie die farbenfroh bemalten Keramikteller

an der Decke. 561 Teller sind es an der Zahl. Herr Renato hilft beim Zählen, der ältere Bären-Bube gibt nämlich bei 127 auf.

Stefano Basello hat die Küche im Jahr 2008 übernommen und sichtlich Spaß an seiner Arbeit. So kommt Traditionelles in Form von modernen Schäumchen, Bällchen usw. auf die Teller, sowie das beste *Risotto verde* der gesamten Region. Mit gegrillten Jakobsmuscheln und so viel Geschmack an Petersilie, als ob man in das herrliche, pure Grün beißen würde. Das Brot ofenfrisch, die Grissini handgerollt, die Butter wird auf Steinen serviert. Zwischendurch eine Überraschung für die Bären-Buben: weiße Zuckerwatte zu Bäumen drapiert.

Als Herr Renato mit dem riesigen Steinbutt am Servierwagen vorfährt, übernimmt der ältere Bären-Bube das Filetieren, während der kleinere Bären-Bube »Wangen, Wangen« ruft. Dafür ernten die beiden das nächste »molto simpatico«.

Il Fogolar
Viale Tricesimo 276
33010 Udine
Tel. (+39 0432) 54 50 96
www.ladimoret.it

Alla Vedova

Alteingesessener, ausnehmend schöner Familienbetrieb mit Fogolar und musealem Interieur. Cjarsons, *Orzotto con salsiccia*, Gubana, Risotti, hausgemachte Pasta.

🦌 **Via Tavagnacco 9**
   33100 Udine
   Tel. (+39 0432) 47 02 91
   www.allavedova.it

Alle Alpi

Die traditionelle Osteria liegt circa 4 Kilometer von Udines Zentrum entfernt, im Vorort Cussignacco im Süden. Beliebter Treffpunkt für ein »Stehachterl«, der Hausherr grillt Fleisch am Fogolar. Die Küche ist bodenständig und saisonal.

🦌 **Via Veneto 179**
   Fraz. Cussignacco
   33100 Udine
   Tel. (+39 0432) 60 11 22

Al Vecchio Stallo

Traditionelle Osteria im ehemaligen Pferdestall eines Palazzos in der Altstadt. Typisch friulanische Gerichte aus der Gegend von Carnia bis in die Gradeser Lagune.

🦌 **Via Viola 7**
   33100 Udine
   Tel. (+39 0432) 212 96

Antica Maddalena

Mitten in der Altstadt, ideal für einen Tajut, draußen und drinnen. Gemütliche Trattoria, feine Regionalküche.

🦌 **Via Pelliccerie 4**
   33100 Udine
   Tel. (+39 0432) 50 05 44

Da Neto

Familienbetrieb im Osten von Udine. Typische friulanische Küche wie Kutteln, Pasta mit Spargel, Gnocchi mit Leimkraut und Entenragout usw.

🦌 **Via Laipacco 169**
   33100 Udine
   Tel. (+39 0432) 28 36 18
   www.da-neto.it

Giardinetto

Enoteca und Trattoria, unweit der Piazza San Giacomo. Saisonale, regionale Küche.

Tolle Weinauswahl aus über 200 Etiketten.

🦌 **Via Paolo Sarpi 8**
   33100 Udine
   Tel. (+39 0432) 22 77 64
   www.enotecagiardinetto.com

Hostaria alla Tavernetta

Trattoria in einer Seitengasse im Zentrum. Klassiker wie Prosciutto crudo, Frico, viel Fleisch und auch Fisch, exzellente Dolci. Die Weinkarte lässt keine Wünsche offen.

🦌 **Via Artico di Prampero 2**
   33100 Udine
   Tel. (+39 0432) 50 10 66
   www.allatavernetta.com

Il Ristorantino

Osteria im Herzen der Stadt. Gemütliches Glas Wein an der Theke. Gediegene Regionalküche.

🦌 **Via Bertaldia 25**
   33100 Udine
   Tel. (+39 0432) 50 45 45

Piazza Libertà

Al Cappello

In Udine gibt es so etwas wie Tajut-Pflicht. Da geht es ums traditionelle »Stehachterl«, das gesellige Glas Wein an der Schank. Das beliebteste Lokal dafür: »Al Cappello« im Zentrum, mit legendärer Patina – und immer rappelvoll. Die Vitrine geht über mit Köstlichkeiten, *Stuzzichini* wie Crostini, getrocknete Tomaten, Artischocken, Baccalà, Salami, Käse usw. Die Spezialität: Tartine – warme Brötchen. An der Decke hängt nicht nur die Campari-Designerlampe von Ingo Maurer, sondern auch unzählige, dem Lokal den Namen gebenden Hüte: Schaffner-Kappen, Zylinder, Strohhüte, Mützen usw. Tolle Weine, vor allem aus dem Collio.

🦈 **Via Paolo Sarpi 5**
33100 Udine
Tel. (+39 0432) 29 93 27
www.osteriaalcappello.it 🛏

Fred

Moderne Enoteca, blitzrote Wände, wunderbare Häppchen. Auch Restaurantbetrieb.

🦈 **Via del Freddo 6**
33100 Udine
Tel. (+39 0432) 50 50 59
www.enotecafredudine.com

Al Fagiano

Osteria mit Ausschank und Imbiss, Stuzzichini vom Feinsten, schmackhafte Antipasti, günstiger Hauswein.

🦈 **Via Zanon 7**
33100 Udine
Tel. (+39 0432) 29 70 91

Blick über die Piazza Libertà Richtung Dom

Torre dell'Orologio, dahinter Castello di Udine

Gelateria Fiordilatte

Bestes **Eis** der Stadt. Frisch, mit lokalen Zutaten. Besonderheit: Eis mit Blüten – z. B. Löwenzahneis oder Eis aus Rosenblüten, außerdem Holunderbeereneis, Eis mit kandierten Orangen und Schokolade.

🐾 **Via Cividale 53**
Udine
Tel. (+39 0432) 50 20 72
www.gelateriafiordilatte.it

La Baita

Fantastisch sortiertes, winziges Tosoni-Geschäft im Zentrum. Typische **Käse-** (Asìno, Montasio) und **Wurstsorten** (Prosciutto, Salami & Co) Friauls. Jedes Mal ein Genuss!

🐾 **Via delle erbe 1/b**
33100 Udine
Tel. (+39 0432) 51 02 16
www.tosoniformaggi.it

La Casa degli Spiriti

Umfassend sortierte Weinhandlung, vorwiegend friulanische Etiketten.

🐾 **Via dei Torriani 15**
33100 Udine
Tel. (+39 0432) 50 92 16

La Boutique del Pane

Brot und Gebäck nach alter Tradition, in den fantasievollsten Formen hinter der schönen Holzfassade.

🐾 **Via Cussignacco 18**
33100 Udine
Tel. (+39 0432) 50 27 56

Pasticceria Laboratorio del Dolce D'Olivo

Stattliche Auswahl an **Süßem** wie frischen und trockenen Petit Fours, Hefekuchen wie Panettone und Colomba, Torten, aber auch Erfrischungen. Gute Zuckerbäckerei, schlichte Mandelkekse, Gubana, Kastanienkuchen.

🐾 **Vicolo Sottomonte 2**
33100 Udine
Tel. (+39 0432) 29 93 75

Finati & Petrin Burro e Formaggi

Im Zentrum Udines, gegenüber dem Restaurant Vitello d'Oro. **Friulanische Käsespezialitäten,** aber auch Käse aus ganz Italien wie Parmesan und Pecorino sowie französische Sorten.

🐾 **Via Valvason Erasmo 1**
33100 Udine
Tel. (+39 0432) 50 21 13

Caffè Caucigh

Udineser Traditionsadresse, Kunst & Kultur sind hier zu Gast. Warme Imbisse zu Mittag und immer wieder Jazzkonzerte.

🐾 **Via Gemona 36–38**
33100 Udine
Tel. (+39 0432) 50 27 19
www.caffecaucigh.com

Pasticceria Simeoni

Täglich frisch: Brioche, Kuchen, Petit Fours, Biscotti, Torten mit Wow-Effekt usw.

🐾 **Via Mantica 15**
33100 Udine
Tel. (+39 0432) 50 25 05
www.simeonipasticceria.com

Einmal Mittelalter und retour

Manche Orte machen es einem leicht, sich in sie zu verlieben. So wie das mittelalterliche Dorf Valvasone, 14 Kilometer südlich von Spilimbergo. Mit zahlreichen Herrenhäusern aus dem 14. bis 17. Jahrhundert, einer herrschaftlichen Burg mit Graben, alten Mauern, Torbögen, Palazzi – also alles von Interesse, historisch und architektonisch.

Ebenso auf Zeitreise ins Mittelalter geht man im Restaurant »La Torre«, wenn man als Gast zwischen unter schönem Gewölbe im Kerzenschein tafelt. Die Trattoria von Carla und Giovanna Cozzutti finden Sie gleich links, wenn Sie durch das große Stadttor durchgehen, das auf die Piazza Castello führt. Das erste Gebäude mit den roten Balken. Hier kommt *Baccalà al forno* in Bestform auf den Tisch, weiters Fisch- und Fleischspezialitäten sowie Hausgemachtes von den Antipasti bis zu den Dolci. Top: das Preis-Leistungsverhältnis. Das Ambiente ist elegant, familiär, herzlich.

Kleinod mit Charme: Valvasone

La Torre
Piazza Castello 11
33098 Valvasone
Tel. (+39 0434) 89 88 02

Pagura

10 Kilometer westlich von Valvasone. **Grappa** nach traditionellen Herstellungsmethoden.

Via Favetti 25
33080 Castions di Zoppola
Tel. (+39 0434) 970 21, www.distilleriapagura.com

Der mittelalterliche Ortskern von Valvasone

Zur Einstimmung

Das bezaubernde Städtchen am Beginn des Kanaltals ist eigentlich ein kleines Dorf: überschaubar, freundlich, gesellig. 1976 wurde Venzone komplett von dem historischen Erdbeben zerstört und Stein für Stein wieder aufgebaut. Imposant: die doppelte Stadtmauer, der Dom Sant'Andrea, die Kapelle San Michele mit den geheimnisvollen Mumien. Dazwischen stimmungsvolle Cafés, Lavendel-Geschäfte, Genussläden mit Montasio-Käse, Prosciutto, Salami, Antiquitätenläden usw. Außerdem findet hier jedes Jahr im Oktober das bekannte Kürbisfest statt.

Unsere Abfahrtszeit Richtung Friaul-Julisch Venetien richten wir oft so ein, dass wir am späten Vormittag in Venzone sind. Das hat seine Gründe. Erstens: Die Sonne durchflutet nahezu den gesamten Hauptplatz. Zweitens: Ein Gläschen Prosecco vor dem Caffè Vecchio muss immer drin sein. Drittens: Die Bären-Buben toben sich hinter dem Dom auf dem gepflegten Kinderspielplatz aus. Viertens: Die frische Pasta in der »Locanda al Municipio« der Familie Gallinaro, die Tomaten-Gnocchetti, der gegrillte Fisch, der deftige Frico, die saisonalen Kürbis-, Pilz- und Spargel-Köstlichkeiten stimmen so richtig auf Friaul und

Rathaus von Venzone

Urlaub ein. Vor allem, wenn man im Innenhof im Gastgarten sitzt. Wer gleich hier bleiben möchte: Gästezimmer sind vorhanden. Die Trattoria befindet sich unmittelbar neben dem Rathaus mit der offenen Loggia und ist kaum zu übersehen. Wie gesagt: Venzone ist eigentlich ein Dorf.

Locanda al Municipio
Via Glizoio di Mels 2
33010 Venzone
Tel. (+39 0432) 98 58 01

Carnia

Gediegen-elegantes Hotel-Restaurant von Livio Treppo mit guter Fleisch- und Fischküche, auch Meeresfrüchte. Bekannt ist das Lokal für seine hervorragenden Cjarsons. Mit geräuchertem Ricotta, Pinienkernen, Zwiebeln, Spinat, Rosinen, Eiern, Minze, Nüssen, Muskatnuss und Zimt.

Via Canal del Ferro 28
33010 Venzone
Tel. (+39 0432) 97 80 13
www.hotelcarnia.it

Lavanda Di Venzone

Ein Traum in Lila. Paola Toso hat die bezaubernden Lavendel-Geschäfte in Venzone ins Leben gerufen. Im »Palazzo della Lavanda« findet man Kosmetik, Seife und Kerzen, am Hauptplatz gegenüber dem Rathaus kann man Kekse, Liköre, Pasta, Tee und Küchenutensilien kaufen. Keramik mit den hübschen Lavendel-Motiven gibt es im dritten Geschäft, ebenfalls im Zentrum. *(Foto rechts oben)*

»Il Palazzo della Lavanda«,
Via Mistruzzi 12, 33010 Venzone
»Le prelibatezze della Lavanda«,
Piazza del Municipio 8, 33010 Venzone
»Le ceramiche della Lavanda«,
Via Glizoio di Mels 8, 33010 Venzone
Tel. (+39 0432) 98 58 05
www.lavandadivenzone.it

Latteria di Venzone

»Formadi sot la trape«: Der vier bis sechs Monate alte **Latteria-Käse** verweilt ein bis zwei Wochen im Trester (aus Rotwein oder Weißwein/Verduzzo). Auch andere Käsesorten wie Montasio, Stracchino usw.

Via Glizoio di Mels 5
33010 Venzone
Tel. (+39 0432) 98 55 95

Antica Distilleria Driussi

Klassischer **Grappa**, fruchtige Liköre wie Limoncello oder auch feiner Amaro. 11 Kilometer sind es von Venzone nach Gemona.

Via Osoppo 105/1
33013 Gemona
Tel. (+39 0432) 98 12 25
www.distilleriadriussi.com

Piazza del Municipio, Venzone

Cara Carnia

Riechen Sie schon die braune Butter? Den feinen Duft von geräuchertem Ricotta? Dann sind Sie wohl angekommen. In dem gediegenen Steinhaus, gegenüber der Kirche von Villa. Nicht einmal 10 Minuten sind es von Tolmezzo in die kleine Ortschaft Verzegnis. In der traditionellen Osteria der Geschwister Marzona hat alles Hand und Fuß. Die Produkte kommen von den eigenen Feldern, das Ambiente ist rustikal und unkompliziert, die Atmosphäre betont familiär und die Küche typisch karnisch. Und weil uns das »Gerücht«, hier die besten Blecs Friauls vorzufinden, bereits zu Hause erreicht hat, werden die Nudelflecken mit Wildragout natürlich gleich bestellt. Welch ein Genuss! Aber unbedingt erwähnenswert ist noch ein anderes Pastagericht: die *Cappellacci con pernice rossa*. Die Nudeltäschchen haben die Form einer Mütze und sind mit Rothuhn gefüllt – dieses gehört zur Familie der Fasane. Schnecken würde es auch geben, im Frühling Crespelle mit Brennnesselspitzen, Frico, Cjarsons, Kutteln und den einen oder anderen Fisch. Tolle Auswahl an Dolci (Panna cotta mit Waldbeeren, Crostata, Gubana, Apfelstrudel) und Käse.

Nicht vergessen: In dem kleinen Dorf kann man das ganze Jahr über den »ART-Park« besuchen. Dieser Kunstpark ist quasi ein Freilichtmuseum zeitgenössischer Kunst und frei zu besichtigen.

Stella d'Oro
Via Tolmezzo 6, Frazione Villa
33020 Verzegnis, Tel. (+39 0433) 26 99

Donada Molino

Mühle aus dem 16. Jahrhundert. Familie Donada stellt verschiedene **Maismehlsorten** her. 19 km nördlich von Tolmezzo.

Località Baus 35, 33025 Ovaro
Tel. (+39 0433) 60 332

Agriturismo San Juri

Wunderbaren **Formadi Frant** von der Alm. 3 Kilometer westlich von Villa Santina.

Via San Juri 4, Località Colza
33020 Enemonzo
Tel. (+39 0433) 74 60 48

Rugo

Cremiger **Käse** – Formadi Salat, auch Formadi Asìn genannt, von Familie Rugo. Weiters Rinderzucht mit 200 Tieren. Verkauf im Hofladen.

Via Nazionale 6, 33020 Enemonzo
Tel. (+39 0433) 742 76, www.rugo.it

Peperoncino Carnia

150 Chilisorten als Pflanzen, Schoten oder Pulver zu kaufen. »Carnia hot«, eigene Züchtung.

Via Verzegnis
Caneva di Tolmezzo

Parade-Biohof

Steinreich«, so der erste Kommentar des Bären. »Reich an Steinen.« Tatsächlich liegen sie hier überall herum, oft so groß wie Kürbisse. Schließlich sind wir in den Magredi unterwegs, dem Schwemmgebiet zwischen den Flüssen Cellina und Meduna in der Provinz Pordenone. Eine steppenartige Landschaft, ein Naturschutzgebiet mit einer eigenen Pflanzen- und Tierwelt. »Magredo« bedeutet ursprünglich »mageres Land« und man muss schon genau hinsehen, um zu erkennen, wie reich es ist.

Der Betrieb »Gelindo dei Magredi« der Familie Trevisanutto ist hier der absolute Vorzeigebetrieb. Ein Bio-Gutshof mit 15 Hektar Fläche, der das pure italienische Landleben verkörpert. Mit Zimmer und Apartments für über 60 Personen, einem Restaurant, dem »Ristro« in der Latteria, Schaugärten, einem Hofladen, Swimmingpool, Reitparadies.

Es liegt auf der Hand, dass in den Küchen des Restaurants und der alten Molkerei die eigenen Bio-Produkte von Chefkoch Tiziano Trevisanutto verarbeitet werden: unter anderem Polenta, Gemüse, Obst, Wurst wie Soppressa, Salami, Honig, Fleisch und Wein. Die Rezepte entsprechen der Tradition, wechseln nach Jahreszeit und Saison. Eindrucksvoll wird die Polenta in schwarzen, gusseisernen Töpfen vor den Augen der Gäste gerührt.

Gelindo dei Magredi
Via Roma 16
33099 Vivaro
Tel. (+39 0427) 970 37
www.gelindo.it

Die Polenta wird traditionell mit Bindfaden aufgeschnitten.

Tutto vino

Winzer in Friaul-Julisch Venetien

Eine kleine persönliche Auswahl:

Castello di Spessa – Pali Wines
Via Corona 62, 34071 Cormòns
Tel. (+39 0481) 604 45, www.paliwines.com

Livio Felluga
Via Risorgimento 1, 34071 Cormòns
Tel. +39 0481) 602 03, www.liviofelluga.it

Marco Felluga
Via Gorizia 121, 34072 Gradisca d'Isonzo
Tel. (+39 0481) 991 64, www.marcofelluga.it

Gravner
Loc. Lenzuolo Bianco, Oslavia 9, 34170 Gorizia
Tel. (+39 0481) 308 82, www.gravner.it

Jermann
Via Monte Fortino 21, Fraz. Villanova,
34072 Farra d'Isonzo
Tel. (+39 0481) 88 80 80, www.jermann.it

Edi Kante
Prepotto 1/A, 34011 Duino Aurisina
Tel. (+39 040) 20 02 55, www.kante.it

Edi Keber
Località Zegla 17, 34071 Cormòns
Tel. (+39 0481) 611 84

Livon
Via Monterezza 33, 33048 Dolegnano
Tel. (+39 0432) 75 71 73, www.livon.it

Petrussa
Via Albana 49, 33040 Prepotto
Tel. (+39 0432) 71 31 92, www.petrussa.it

Damijan Podversic
Via Brigata Pavia 61, 34170 Gorizia
Tel. (+39 0481) 782 17, www.damijanpodversic.com

Primosic
Località Madonnina d'Oslavia 3, 34170 Oslavia
Tel. (+39 0481) 53 51 53, www.primosic.com

Schiopetto
Via Palazzo Arcivescovile 1, 34070 Capriva del Friuli
Tel. (+39 0481) 803 32, www.schiopetto.it

Tenuta Villanova
Via Contessa Beretta 29, 34072 Villanova di Farra
Tel. (+39 0481) 88 93 11, www.tenutavillanova.com

Venica & Venica
Località Cero 8, 34070 Dolegna del Collio
Tel. (+39 0481) 61 264, www.venica.it

Fondazione Villa Russiz
Via Russiz 4/6, 34070 Capriva del Friuli
Tel. (+39 0481) 800 47, www.villarussiz.it

Vistorta
Via Vistorta 82, 33077 Sacile
Tel. (+39 0434) 711 35, www.vistorta.it

Zidarich
Località Prepotto-Prapot 23, Duino Aurisina
Tel. (+39 040) 20 12 23, www.zidarich.it

Orte

Lokale

Einkaufsadressen

	Seite	Backwaren, Süßes, Schokolade	Bienenprodukte	Bier	Delikatessen, regionale Produkte	Eis	Essig, Balsamessig	Fisch	Grappa/Brände	Kaffee	Käse, Milchprodukte	Mehl	Olivenöl	Prosciutto, Fleischprodukte	Wein
Aceto Sirk	50						•								
Agriturismo Frasca Clotz	143				•		•		•				•		•
– Radovic Nevo	57												•		•
– San Juri	178										•				
– Sasso d'Oro	139				•										
Alimentari Tomadin	50				•		•		•		•		•	•	
Antica Bottega del Gusto	158				•										
Antica Distilleria Driussi	177								•						
Antica Pasticceria Pirona	160	•													
Antica Tostatura Triestina	161									•					
Antico Caffè San Marco	160									•					
Antico Caffè Torinese	160									•					
Apicoltori Settimi & Ziani	162		•												
Arcania	111												•		
Azienda Agricola Asperum	125						•								
– Bruno Casagrande	119												•		
– Ceconi Roberto, Stefani Paola	112										•				
– Codelli	91										•		•		
– Dario Zidaric	57										•				
– Dordolo	43													•	
– Edi Zobec	162			•				•							
– Fulvio Mansutti	23				•										
– Kmetija Antonic	57										•				
– Kmetija Devetak Sara	135				•										
– La Ferula	71				•*										
– Livon	125												•		•
– Luigi Faleschini	81				•										
– Narduzzi	43				•						•			•	
– Zoff	51										•				

*Spargel

	Seite	Backwaren, Süßes, Schokolade	Bienenprodukte	Bier	Delikatessen, regionale Produkte	Eis	Essig, Balsamessig	Fisch	Grappa/Brände	Kaffee	Käse, Milchprodukte	Mehl	Olivenöl	Prosciutto, Fleischprodukte	Wein
Montereale 1987 Gelateria Pasticceria	105	•													
Moschioni	39												•		•
Mulino di Godia	164														
Nonino Distillatori	125								•						
Olistella	94												•		
Oro Caffè	145									•					
Orocolato	158	•													
Pagura	174								•						
Panetteria Nadalutti	18	•													
Panificio Claudio Qualizza	141	•													
– Il Forno	40	•													
– Jerian	158	•													
– Orlandi	145	•													
– Pasticceria Azzano	69	•													
– Simonit	51	•													
Parovel	163	•											•		
Pasticceria Cidin	69	•													
– Ducale	38	•													
– Il Forno	143	•													
– Laboratorio del Dolce D'Olivo	173	•													
– Nova	139	•													
– OTA	162	•													
– Penso	158	•													
– Saint Honoré	161	•													
– Simeoni	173	•													
Pastificio La Casalinga	158				•										
Pastificio Mariabologna	158				•										
Peperoncino Carnia	178				•										

Dankeschön

Meinen besten Dank möchte ich folgenden Menschen aussprechen:

Meinem geschätzten Ehemann **Seppi Trippolt** sowie meinen wunderbaren Söhnen **Julius und Theodor.** Ihr seid einfach „bärenstarke" Reisebegleiter!

Linda Marcuzzi und dem Team von Friaul Tourismus (FVG) für die großartige organisatorische Hilfe.

Nicole Richter, der italophilen Verlagslady und Lektorin, der man in puncto Friaul und gutes Essen kaum was Neues erzählen kann.

Familie Sirk aus Cormòns, die meine Familie und mich immer mit offenen Armen aufnimmt.

Simone Attisani, dem sympathischen friaulischen Fotografen, für sein wunderbares Titelbild.

Karin Reindl, meiner Schwester, die den ganzen Buchstabensalat geordnet hat.

Meinen Eltern **Helga und Hans Maderbacher** sowie meinen Schwiegereltern **Maria und Josef Trippolt** für die Entlastung, so dass ich mich meinem Buch widmen konnte.

Sämtlichen **Gastronomen und Köchen,** die ihre Restaurants, ihre Küchen geöffnet haben, und die mir auch Fotomaterial für mein Buch zur Verfügung gestellt haben.

Bildnachweise:

Silvia Trippolt-Maderbacher: Seiten 7, 16, 31, 32, 37, 39, 42, 43, 44, 45, 46, 48, 49, 50, 52, 63, 72, 73, 82, 83, 85, 88, 90, 91, 92, 96, 100, 102, 103, 104, 106, 107, 108, 111, 113, 114, 115, 118, 128, 129, 138, 139, 141, 143, 145, 146, 147, 148, 150, 151, 162, 166, 167, 176, 177
Friaul Tourismus: Seiten 9 (Alessandro Castiglioni), 10 (Alessandro Castiglioni) 11, 12 (Matteo Lavazza Seranto), 27 (Alessandro Castiglioni), 29, 38 (Marco Milani), 53, 54 (Marco Milani), 57 (Marco Milani), 67 (Fabrice Gallina), 68 (Fabrice Gallina), 69 (Marco Milani), 71 (Luigi Vitale), 75,

76 (Fabrice Gallina), 83, 85 (Fabio Parenzan), 87 (Stefano Scata), 101 (Fabrice Gallina), 110 (Alessandro Castiglioni), 120, 122 (Ennio Calice), 131, 132, 133 (Gionco Communication), 138 (Elio e Stefano Ciol 2), 153 (Anja Cop), 154, 157 (Maurizio Valdemarin), 161 (Gabriele Crozzoli), 163 (Mario Verin, Crozzoli 2), 169 (M. Zambelli), 170/171 (Fabrice Gallina), 172 (Nik), 174/175 (Fabrice Gallina), 179 (Alessandro Castiglioni), 181 (Matteo Lavazza Seranto), Nachsatz (Mario Verin)
Ruth Zeillinger: Seiten 155, 156, 157, 158, 159, 167, 158, 159, 160, 161, 162, 163, www.rzpr.at

Restaurants, Betriebe, Anbieter:
Seiten 17, 18, 19, 20, 21, 22, 24, 25, 26, 30, 32, 34, 35, 36, 38, 40, 41, 44, 46, 51, 55, 56, 58, 59, 60, 62, 64, 65, 66, 68, 70, 74, 75, 76, 77, 78, 81, 83, 84, 85, 88, 89, 93, 94, 95, 99, 105, 108 (Anteprima), 112, 116, 117, 119, 120, 121, 124, 125, 126, 127, 130, 132, 134, 135, 136, 137, 144, 145, 149, 152, 155, 164, 165, 169
Simone Attisani: Cover vorne und Seite 47, www.attisani-photography.com
Weingut Petrussa: Seite 109, www.petrussa.it

Die Autorin

Silvia Trippolt-Maderbacher, geboren 1977 in der Südsteiermark, Germanistik- und Medienstudium in Graz. Auslandsaufenthalt in Moskau. College für Journalismus in Salzburg. Pressearbeit und Journalistin für Tageszeitungen und Magazine, eigene Textagentur „Gedanken-Werkstatt. Agentur für starke Worte". Verheiratet mit einem der besten Köche Österreichs.

Silvia Trippolt-Maderbacher ist leidenschaftliche Reisejournalistin mit dem Schwerpunkt „Genuss, Kulinarik, Wein".

Hans Messner

Weinführer
Friaul

Die besten
Weine und Winzer

styria regional
CARINTHIA

Vom Norden Friauls bis zur Adria streift dieser Führer durch die renommierten Weinbaugebiete Friauls - etwa Collio, Isonzo oder Aquileia - und stellt die besten Winzer und ihre Weine ausführlich vor.

Von Ramandolo bis Glera, von Schioppettino bis Tazzelenghe - es gibt in der Region zahlreiche autochthone Sorten zu entdecken, die das Weinland Friaul so unverwechselbar machen. Außerdem führt dieser neue Weinführer hin zu den typischen Frasche und Osmizze (Buschenschänken), weiters zu Destillerien und genussreichen Weinveranstaltungen. Ebenfalls top-aktuell: Restaurant- und Nächtigungstipps.

Neben der profunden Weinkunde (Glaskultur, Reberziehungsarten, Wein als Speisenbegleiter) gibt es jede Menge Tipps fürs wahre „Genießen auf Friulanisch" (Prosciutto, Grappa, Olivenöl etc.).

Hans Messner
WEINFÜHRER FRIAUL
Die besten Weine und Winzer

ca. 224 Seiten, 14,5 x 20,5 cm
Klappenbroschur
€ 24,99 · ISBN: 978-3-7012-0145-7

styria regional
CARINTHIA

Als „Tor zum Süden" ist Udine seit Generationen beliebtes Ziel für Wochenendausflüge und Einkaufstouren. Doch zum Shoppen allein ist die zauberhafte Stadt mit ihrem venezianischen Flair viel zu schade. Mit diesem neuen Reiseführer durch Udine und sein Umland tritt die Friaul-Expertin Evelyn Rupperti den Beweis an: Prächtige Palazzi und schmucke arkadengesäumte Plätze erzählen von einer bewegten Vergangenheit.

Entdecken Sie die friulanische Provinzhauptstadt mit diesem umfassenden Guide. Mit Insidertipps zu Kulinarik, Wein, Übernachten und Shopping.

Evelyn Rupperti
UDINE
Trends, Tajut und Tiepolo

160 Seiten, 11,5 x 20,5 cm
Franz. Broschur
€ 19,99 · ISBN: 978-3-7012-0129-7

styria regional
CARINTHIA